Emil Karl Blümml

Futilitates - Beiträge zur volkskundlichen Erotik

Schamperlieder und deutsche Volkslieder des 16. bis 19.

Jahrhunderts

Emil Karl Blümml

Futilitates - Beiträge zur volkskundlichen Erotik

Schamperlieder und deutsche Volkslieder des 16. bis 19. Jahrhunderts

ISBN/EAN: 9783944349220

Auflage: 1

Erscheinungsjahr: 2013

Erscheinungsort: Bremen, Deutschland

*@ Saga-Verlag in Access Verlag GmbH, Fahrenheitstr. 1, 28359 Bremen.
Alle Rechte beim Verlag und bei den jeweiligen Lizenzgebern.*

Cover: ausschnitte aus dem Gemälde von Adolf William Bugro.

FUTILITATES

BEITRÄGE ZUR VOLKS-KUNDLICHEN EROTIK

BAND I

SCHAMPERLIEDER· DEUTSCHE VOLKS/LIEDER DES 16.–19. JAHRHUNDERTS. :MIT SINGWEISEN:

GESAMMELT UND HERAUSGEGEBEN VON E·K·BLÜMML

WIEN 1908.

Gedruckt bei Gustav Röttig & Sohn in Ödenburg.

Wenn ich in so kurzer Zeit nach Erscheinen meines Buches „Erotische Volkslieder aus Deutsch-Österreich"[1]) wieder mit einem ähnlichen Werke, das jedoch durchweg Neues oder bedeutendere Varianten bekannter Dinge bringt, auf den Plan trete, so leitet mich dabei das Bestreben, aufzuzeigen, wieviel auf diesem Gebiete noch brach liegt und wieviel hier noch, mag es nun zum Schaden oder zum Nutzen sein, einzuheimsen ist. Daher habe ich mir auch diesmal keine Beschränkung insoferne auferlegt, daß nur Deutsch-Österreich zum Worte gelangt, sondern habe in ausgedehnterem Maße alte Handschriften und Drucke herangezogen und alles, was darin an erotischen Liedern zu finden war, verwertet, um so einem scharf umrissenen Bilde dieser Literaturgattung vorzuarbeiten und Untergrund zu geben. Daß auch diesmal wieder Österreich stark vertreten ist, liegt darin, daß mir aus Deutschland und der Schweiz noch immer nicht genügendes Materiale zugegangen ist, um ein richtiges Bild bieten zu können. Dafür sind aber diesmal zum erstenmal Deutschböhmen (Böhmerwald) und Tirol, dank der Fürsorge verständnisinniger Helfer und Mitarbeiter, in genügender Anzahl vertreten, so daß von den öster-

---

[1]) Wien. 1907. Mark 10.—

reichischen Ländern nur mehr Vorarlberg, Salzburg, die deutschen Teile Krains, Mährens, Schlesiens und die Sprachinseln in Galizien und der Bukowina ausständig sind.

Nicht viel habe ich diesmal zu erörtern. Nur mit einer mir von hochverehrter Seite ausgesprochenen Meinung möchte ich mich näher befassen und deren Unstichhältigkeit nachweisen. Das erotische Volkslied soll nämlich nur in den niedersten und ungebildeten Kreisen des Volkes, im Pöbel, heimisch sein und der Bauer, wenn er solche Dinge weiß und singt, nur beim Militär davon Kenntnis erlangt haben. Ohne weiteres muß zugegeben werden, daß heute bei der allgemeinen Wehrpflicht die Militärzeit eine große Rolle als Vermittlerin, aber auch als Zerstörerin aller Art von Volkspoesie spielt. Man wird aber nicht fehlgehen, wenn man die Zeit der Waffenpflicht nur als Durchgangsstation auffaßt, wo Leute aus verschiedenen Gegenden ihre Lied- und anderen Kenntnisse einander mitteilen, sie in Wechselwirkung setzen und das Unbekannte in die Heimat mitnehmen, wo es sich dann rasch verbreitet. Es ist das eine Art Handelsverkehr, wo die poetischen Werte Handelsartikel sind und wo jeder Geber und Empfänger zugleich ist. Das gilt noch in stärkerem Maße für die erotische Poesie. Fällt doch der Militärdienst in die Zeit der größten geschlechtlichen Reife, wo das ungestüme Blut tobt und drängt, wo die geschlechtliche Lust sich nicht unterdrücken läßt und irgendwie zum Ausbruche kommt. Gerade in dieser Zeit wird das erotische Lied, der freie Ausdruck innerer Gefühle, am meisten gepflegt und offen wird gesagt, was sehnlichst gewünscht wird. Im Alter, wo man vorsichtiger, zurückhaltender wird, wo die schneidige Daraufgängerei der Jugend verschwunden ist, da dauert es länger, bis solche Lieder über die Lippen kommen, da muß erst Wein, Bier oder Branntwein die Zunge lösen und den Mund gesprächig machen. Wenn aber diese Lösung eingetreten ist, dann schießt der Strom frei und ungebunden dahin. So erklärt es sich, daß man von der Jugend leichter solche Dinge erfährt als von den Alten, daß beim Militär diese Dinge offener daliegen als draußen, wo noch die Scheu vor dem Städter, dem Fremden dazukommt. Doch ist auch draußen die Jugend der Hauptträger dieser Lieder, was ja in der Natur der Sache liegt. Jeder, der mit dem Volke innig vertraut ist, der ihm nicht als Fremder, sondern als Bruder und Genosse entgegenkommt, jeder, der keine Standesunterschiede kennt und dem der einfache, biedere Holzknecht ebenso lieb und wert ist wie der reiche Bauer und Waldherr, wird mir bestätigen, daß der schlichte Land- und Gebirgsbewohner sich ihm trotzdem nicht ganz erschließt und nicht völlig sein Inneres zu erkennen gibt. Ich habe auf meinen zahlreichen Fahrten in den Alpenländern viele schlichte Leute und wahre Prachtkerle kennen gelernt, habe sofort immer Anknüpfungspunkte gefunden und manche fröhliche Stunde mit lieben Leuten verbracht und doch haben sie mir, trotz aller Freundschaft, immer und immer etwas verheimlicht, das ihr intimstes Liebesleben betraf, nämlich die Gasselreime. Diese zu erlangen, hat es oft meiner ganzen Überredungskunst, meiner ganzen Pfiffigkeit bedurft. Und da waren es nicht etwa gepfefferte Reime, die sie mir vorenthielten, sondern oft sehr hübsche, liebliche und poesiereiche Dinge. Hätte ich nun daraus, daß mir die Reime nicht gleich gesagt wurden, schließen dürfen, daß solche überhaupt in der und der Gegend nicht bekannt sind? Gerade so ist es auch mit den erotischen Liedern und Vierzeilern, die auch nicht an der Oberfläche liegen und nicht dem Nächstbesten vorgesungen werden, denn der Landmann ist jedem gegenüber anfangs sehr scheu. Ich muß meinen Erfahrungen nach behaupten, daß das erotische Lied in jeder Gegend ebenso vertreten ist, wie der Geschlechtsgenuß, wie Mann und Weib, denn es ist wie das Lied überhaupt, nur der Ausdruck innerer Empfindung und gehört zur Sache wie der Stiel zur Hacke. Daß nicht der Pöbel und nicht das Militär die Träger dieser Dinge sind, beweist der Umstand, daß gerade Studenten und Offiziere, die doch nicht zum Pöbel zu rechnen sind, großen Gefallen an erotischen Liedern finden und daß bei einer Bauernhochzeit solche Dinge aus dem Munde der ehrsamsten Bauern und der größten Honoratioren zu hören sind. Ich kann, so weit meine Erfahrungen reichen, das Militär nur als Durchzugsstation gelten lassen, wo autochthone erotische Lieder verschiedener Gegenden ausgewechselt werden, wobei jedoch zugegeben werden muß, daß auch manches erotische Lied während der Militärdienstzeit, der Zeit des jugendlichen Übermutes, entstanden ist und dann in verschiedene Gegenden verpflanzt wurde. Ist es aber deswegen kein Volkslied? Soll es nun ein Lied des Pöbels sein? Sind denn die Soldaten nicht auch treue Söhne des Volkes mit volksgemäßem Sinnen und Trachten? Sind sie nicht imstande, im Geiste des Volkes auch Derbes zu dichten?

Gilt denn für unser Volkslied nicht dasselbe, wie

für die englisch-schottischen Volksballaden, von denen Paul Schütte[1]) so richtig bemerkt: „Wie das Volkslied überhaupt so recht eigentlich des Volkes Pulsschlag ist, wie der Atem des Lebens uns aus ihm entgegenschlägt, so offenbart uns das Liebeslied die feinsten und zartesten Regungen eines liebenden Herzens, zeigt uns aber auch mit großer Offenheit Derbheiten, ja Roheiten im geschlechtlichen Verkehre. Durch diese naiv ausgesprochenen Derbheiten unterscheiden sich die Volksliebeslieder vorteilhaft von den Kunstliebesliedern, die alles Anstößige zu vermeiden oder zu verdecken sich bestreben und dadurch gerade das Gegenteil erreichen. In den Volksliebesliedern wird alles mit einem urwüchsigen, naiven Freimut aufgedeckt; wie das Volk über das Liebes- und Geschlechtsleben denkt, das spricht es unverhüllt in seinen Liedern aus. Und auf wen sollte es auch Rücksicht nehmen? Die Lieder waren ja nur für das Volk bestimmt und waren der Ausfluß seines Herzens."

Noch etwas aber spricht gegen Pöbel und Militär. Das sind die erotischen Lieder vergangener Jahrhunderte, von denen gerade vorliegender Band eine größere Anzahl bringt. Wie hätte zu jener Zeit, wo es ja doch keine allgemeine Wehrpflicht gab, das Militär Träger und Vermittler dieser Dinge sein können? Wer könnte die Aufzeichner dieser Lieder, die meist den Studenten- und Adelskreisen angehören, mit dem Ausdrucke Pöbel belegen? Wer, der für die nichterotischen Lieder jener Zeit mündliche Überlieferung durch den Gesang annimmt, könnte behaupten, daß die erotischen

---

[1]) Die Liebe in den englischen und schottischen Volksballaden. Halle a. S. 1906. S. 4.

Lieder nicht derselben Tradition folgen und keinen langen Weg zurückgelegt haben?

Ein Beispiel möge für viele genügen. Bekanntlich[1]) ist uns das älteste Schnaderhüpfel aus 1600, das zweitälteste aus 1754 überliefert, woran sich dann Vierzeiler aus zirka 1760[2]) schließen. Nun gelang es mir in jüngster Zeit in einer Liederhandschrift aus zirka 1690, die von Leipziger Studenten zusammengeschrieben wurde und nunmehr in der Wiener Hofbibliothek als Hds. Nr. 13.287 aufbewahrt wird, auf Blatt 21 b vier Rundâs, über deren Geschichte man H. Dunger[3]) vergleiche, aufzufinden, von denen drei erotisch sind. Diese vier Liedchen sind nicht nur deswegen wichtig, weil sie uns nunmehr die zweitältesten Vierzeiler vorstellen, sondern weil sie uns auch von der Form der alten Rundâs, die man bisher nur vermuten konnte,[4]) Nachricht geben.

1. Fünff Bauren seyndt
   5 Galgendieb, Rundadinellula,
   Vergest den Schelm,
   den Schultzen nicht, Rundadinellula.

2. Magden, wie gefalt dir der,
   bistu nit zufrieden? [R.]
   Wann er ein bißgen länger wär,
   dicker wär er mir lieber. [R.]

3. Scheißt alle ins Haus,
   wir haben eine neue Schippe [R.]

---

[1]) Vgl. Blümml, Archiv für das Studium der neueren Sprachen. CXV. (1905) 56. — [2]) Blümml-Krauss, Ausseer und Ischler Schnaderhüpfel. (1906) S. 102 f. — [3]) Rundâs und Reimsprüche aus dem Vogtlande. (1876) S. XV ff. — [4]) Dunger, S. XVIII f.

Und wer das Ding nicht leiden will,
der nehm ein Maul voll mitte. [R.]

4. Eitel gut Ding
tragen die Mägdlein in Boßen,[1]) [R.]
Was sie am liebsten han,
tragen die Jung[g]esellen in Hoßen. [R.]

Sind das (in 2—4) nicht Motive, die uns heute noch entgegentreten! Könnten diese Vierzeiler nicht heute noch als solche gesungen werden? Und wer ist der Aufzeichner? Ein Leipziger Student, der diese Dinge wohl auch selbst gesungen hat. Wer kann hier vom Militär, vom Pöbel sprechen? Der Aufzeichner, den Studentenkreisen entstammend, die ja vieles echte Volksgut in ihren Liederschatz aufgenommen haben und noch aufnehmen, ist wohl auch hier alter Tradition gefolgt und hat Dinge, die dem Volke entstammen, unbewußt der Nachwelt überliefert.

Lassen wir also dem Volke sein erotisches Lied, auf das es ebensoviele Eigentumsrechte hat als auf jedes andere Lied und nehmen wir auch hier keine anderen als die beim gewöhnlichen Volksliede üblichen Möglichkeiten an. Was für das eine gilt, muß auch für das andere gelten!

Eine andere Frage ist die, warum beschäftigt man sich gerade in unserer Zeit so stark mit der Erotik. R. von Kralik hat in einer interessanten Studie über die Weltperioden nachgewiesen, daß je 1800 Jahre ein geschlossenes Ganze bilden und daß innerhalb jeder Periode dieselbe Entwicklung stattfindet. Wir stehen nun

---

[1]) Busen.

7

am Anfang einer neuen Periode, deren Ausgangspunkt das Jahr 1800 ist. Und wie im ersten Jahrhundert n. Chr. der Unsittenroman des Petronius und anderer blühte und Martial, Persius, Juvenal den Naturalismus vertraten, so setzt auch im 19. Jahrhundert, als dem ersten der neuen Periode, wieder der Unsittenroman des Naturalismus ein.[1]) Aber doch ist zwischen dem 1. und dem 19. Jahrhundert ein Unterschied, der in der Entwicklung beruht. Während in jener Zeit nur der Instinkt in der Erotik herrschend war, tritt in unserer Zeit das Erkennen an dessen Stelle. Und dies ist, wie Hermann Swoboda[2]) in geistreicher Weise durchführt, der Grund, warum nunmehr auch die Wissenschaft sich mit dem erotischen Problem beschäftigt. Verfeinerte Kultur hat, wie in so vielen anderen Dingen, auch in der Liebe den zweifellos vorhandenen Instinkt zurückgedrängt und es genügt uns nicht mehr, bei der Bedeutung des Geschlechtslebens, zu ahnen, welchen Einfluß dieses ausübt, sondern wir wollen und müssen auf den Grund der Erscheinung kommen und sie in all ihren Formen genau erkennen.

Zum ganzen Menschen gehört aber auch das Geschlechtsleben und nur wer den Menschen in all seinen Einzelheiten kennt, wird imstande sein, dieses verwickelte Wesen voll und ganz zu begreifen, dessen Handlungen und Taten sehr oft nur erotischen Trieben ihre Entstehung verdanken. Swoboda hat daher recht, wenn er sagt:[3]): „Wer bald etwas unsinnig, bald etwas widrig oder unsittlich findet, der wird nie die Wahrheit

---

[1]) Die neue Weltperiode, Hamm i. W. 1908, S. 19. — [2]) Österreichische Rundschau. XIV. (Wien 1908), 229 f. — [3]) A. a. O. 230.

finden. Denn die Wahrheit ist eine Einsicht, welche all das Unsinnige, Widrige, Unsittliche, trotzdem es so ist, erträglich macht. Dem Erkennenden liegt nichts ferner als „Ausmerzen". Was keine Berechtigung hat, vergeht von selber. Und wenn es nie eine Berechtigung gehabt hätte, so wäre es nie entstanden."

* * *

Auch diesmal obliegt mir die angenehme Pflicht, einer großen Anzahl von Herren für ihre freundliche Unterstützung und Mithilfe zu danken. Vor allem danke ich den Verwaltungen der kgl. Universitätsbibliothek in Leipzig, der kgl. öffentlichen Bibliothek in Dresden, der kgl. Universitätsbibliothek in Tübingen, der k. k. Hofbibliothek in Wien und des steiermärkischen Landesarchivs in Graz für freundliche Überlassung von Handschriften, dann den Herren Hofrat Dr. A. B o - h a t t a in Triest (Nr. 152—169), stud. Franz B r a z d a (Nachtrag 1 und 3), Leopold F i a l k a, stud. phil. Gustav J u n g b a u e r in Prag (Nr. XXXVIII B.; XL—L; LXI; 16—88; Gasselreim I—IV), Kustos F. F. K o h l in Wien (XXVII—XXXVI; 89—134; Gasselreim IX), Dr. K. N e m e t h in Aussig a/d. Elbe (XXXVII f.; LI f.; 1—15; 203—213), Schulleiter Karl R e i t e r e r in Weißenbach bei Liezen, Prof. Hans Max S c h a a r, Prof. Georg W a i t z e n b ö c k in Graz (Gasselreim VII, VIII) und Hans W e n n i n g e r; weiters den lieben Freunden Ingenieur Ernest B r a n d, Engelbert B a i e r, Adalbert D e p i n y, Josef L a t z e n h o f e r, Bürgerschullehrer Karl L i e b l e i t n e r (Nr. 216—220), Lehrer Karl S o t o l a r (Nr. 214, 215), Hermann S t ö h r und Rudolf W i e l t s c h n i g g. Besonders danken muß ich jedoch dem schon oben angeführten Herrn stud. phil.

Gustav Jungbauer in Prag, der mir in vollständig uneigennütziger Weise seine reichen Aufsammlungen aus dem Böhmerwalde zur Verfügung stellte, damit die Sachen nicht der Vergessenheit anheimfallen.

An Literatur über unseren Gegenstand ist seit Erscheinen meines Buches, worin auf Seite 7 ein Literaturverzeichnis zu finden ist, nur K. Liebleitner, Für d' Månnerleut zum Hoamtrågn, II., Wien 1907, zu verzeichnen. Noch sei hier ein älteres Büchlein erwähnt, das ebenfalls einiges Einschlägige bringt,[1] nämlich Gustav Butziger,[2] Scheißereien und Arschwische, ausgemistet von einem Schismatiker. Erster Haufen. Haarburg (Leipzig) 1834.

Wien, am 11. Mai 1907.

---

[1] S. 3 ff. Die Schöpfung des Weibes (s. oben Nr. I); S. 7 f. Vergißmeinnicht (s. Blümml, Erotische Volkslieder aus Deutsch-Österreich. S. 82, Nr. 45); S. 9 ff. Ich ruhte einst in Linas Lilienarmen (s. Blümml, ebd., S. 35, Nr. 12). — Das Lied vom Vergißmeinnicht ist eine Parodie des Liedes „Vergiß mein nicht, wenn dir die Freude winket und einst der Gram mein liebend Herz verzehrt" (abgedruckt bei Matth. Mayer, Das Taschen-Liederbuch. Passau, 1828. S. 175 ff., Nr. 117, in drei Strophen samt Melodie), das Max von Knebel zum Verfasser hat und vor 1790 entstand (vgl. Hoffmann-Prahl, Unsere volkstümlichen Lieder. 4 [1900], S. 238, Nr. 1136).

[2] Nach anderen ist Friedrich Beckmann der Verfasser (vgl. Holzmann-Bohatta, Deutsches Anonymenlexikon. IV. [Weimar 1907], 32a).

I.

Lieder.

I.

[11] 1. Des Weibes Schöpfung zu vollbringen,
      War wirklich keine Kleinigkeit,
      Dem Schöpfer selbst wollt's nicht gelingen,
      Es setzte ihn in Verlegenheit.

  2. Was geschah dann?
      Es wurden Preise ausgeschrieben
      Für brave Künstler weit und breit,
      Es fanden sich der Meister sieben
      Sogleich zu diesem Dienst bereit.

  3. Wer waren die Sieben?
      Der Müller, weiß bestäubt die Kleider,
      Der Fleischer, Kürschner[1]) kommen an,
      Der Schlosser und der dürre Schneider,
      Der Tischler und der Zimmermann.

  4. Nun frisch zur Arbeit!
      Zwar fleißig wurd das Werk betrieben

---

[1]) In einer Fassung aus Wien ca. 1850 (in einer Hds. im Besitze Dr. A. Nemeth's): der Gerber. Auch die folgenden Varianten sind dieser Hds. entnommen.

Und steht in kurzer Zeit vollbracht,
Doch frägt es sich, wer von den Sieben
Das Meisterstück daran gemacht.

5. Der Müller auch nicht?
[12]   Der baute schlecht, in seiner Rinne[1])
Ist oft an Wasser große Not,
Bald fließt es schleunig, bald zu dünne,
Bald fließt es weiß, bald fließt es rot.[2])

6. Auch nicht der Fleischer?
Der ist von allen anzuklagen,
Denn der verstund das Salzen nicht,
So daß zumal[3]) in Sommertagen
Das Fleisch nicht gar zu lieblich riecht.[4])

7. Auch nicht der Kürschner?
Der ist ja wahrlich zu beklagen,
Es macht den Weibern[5]) viel Verdruß,
So daß s' im Sommer wie im Winter
Den heißen Pelz ertragen muß.[6])

8. Auch nicht der Schlosser?
Zwar künstlich ist das Schloß gediehen,
Die Arbeit ist sehr zart und fein,
Doch kurz, was half ihm all sein Bemühen,
Es paßt ein jeder Schlüssel drein.

---

[1]) denn in der Mitten. [2]) Dann fließt es dünn, trotz allen
Bitten fließt es bald weiß, bald wieder rot. [3]) hds. Graz: zumalen.
[4]) Weil in den heißen Sommertagen das liebe Fleisch nicht
lieblich riecht (Wien). [5]) besser wäre: dem Weibe. [6]) Strophe 7
fehlt (Wien).

9. Auch nicht der Schneider?
Der hat kein Knopfloch in der Falte
Und auch kein Knopf daran genäht,
So daß die anfangs kleine Spalte
Stets größer wird und offen steht.

10. Auch nicht der Zimmermann?
[13] Der hat sein Lustschloß in der Mitte
Und hat den Abtritt zu nah postiert,
So daß man sich beim ersten Schritte
Sogleich zur andern Tür verirrt.

11. Jetzt kommt der Tischler.
Seht hier den Meister Tischler von den Sieben,
Er hobelte das Ding sehr fein,
Man kann stets aus- und einwärts schieben,
Man zieht sich keinen Splitter ein.

(Graz in Steiermark, ca. 1840. — Handschrift Nr. 840 des
steiermärkischen Landesarchivs in Graz aus dem Besitze Anton
Meixners. S. 11 ff. Nr. 8. — In Prosa bei J. Polsterer, Schwänke
und Bauernerzählungen aus Niederösterreich [1908], S. 155).

Die Fassung aus Wien hat noch folgende Strophen:
12. (11.) Der Gerber.
Seid ihr schon fertig? sprach der Gerber
Und lachte höhnisch hinterdrein.
Das Nötigste ist ausgeblieben,
Die Appretur wird nötig sein!

13. (12.) Die kann nur ich allein der Grotte
Durch meine Gerberkunst verleihn,
Elastisch weicht sie nur dem Gotte,
Gleichviel, ist groß er oder klein.

14. (13.) Jetzt ist das Dingchen ganz vollendet,
  Nun kann die Arbeit vor sich gehn,
  Und wer den edlen Saft verschwendet,
  Wird das Ding nicht ungern sehn.

(Ebenfalls mit 13 Strophen bei O. Butziger, a. a. O. S. 8 ff.).

II.

[52] 1. Was fang ich armer Schlucker an?
  Mein Geld ist schon verzehret,
  Die harten Taler sind vertan,
  Der Beutel ausgeleeret.
  Jetzt folget ja der letzte Schluß,
  Daß ich schon marschieren muß,
   O jerum, o jerum!

  2. Uhr und Dosen sind versetzt,
  Dazu mein gutes Bette,
  Die alten Kleider sind verwetzt,[1]) —
  Wenn ich ein neues hätte! —
  Die Schuh und die sind auch nicht neu,
  Das Hemd, das ist beim Arsch entzwei.
   O jerum, o jerum!

  3. Ich wend mich hin, ich wend mich her,
  Kein Mensch ist mehr im Lande,
  Dem ich nicht etwas schuldig wär,
  Ich setz mein Seel zum Pfande;
  Der Schuster, Schneider und Kaufmann
  Packen mich auf allen Gassen an.
   O jerum, o jerum!

---

[1]) hds. versetzt.

4. Ein einzigs Hemd ist auch nicht viel
Und dieses ist geschehen
Und wann ich selbes waschen will,
So muß ich nackend gehen;
Der Schlafrock ist das beste noch,

[53]   Der hat hinten beim Arsch ein Loch.
O jerum, o jerum!

5. Und daß ihr mich nicht lachet aus,
Als hätt ich nichts ersparet,
Geht nur in meine Kuchel 'naus,
Im Leibstuhl ist's verwahret,
Hebt nur den Deckel in die Höh,
Greift tief hinein, tut euch nicht weh.
O jerum, o jerum!

6. Eh ich noch scheid von dieser Welt,
So will ich noch recht saufen
Und um den letzten Kreuzer Geld
Ein Pfund Toback mir kaufen,
Um daß ich hab vor meinem End
Noch ein richtigs Testament.
O jerum, o jerum!

7. Der Dreck ist einzig nur allein,
Den ich erspart im Leben,
Wollt ihr damit nicht zufrieden sein,
Sonst kann ich euch nichts geben
Und daß ich hab ein Denkmal noch,
Blast mir nach meinem Tod ins Loch.
O jerum, o jerum!

(Graz in Steiermark, ca. 1840. — Hds. Nr. 840 des steier-
märkischen Landesarchivs in Graz aus dem Besitze Anton Meixners.

S. 52 f. Nr. 86. — Eine umfangreichere Fassung des Studenten-liedes „Was fang ich armer Teufel an"; vgl. Lahrer Commers-buch Nr. 656; F. M. Böhme, Volkstümliche Lieder der Deutschen. [1895], S. 425, Nr. 566; Hoffmann-Prahl, Unsere volkstümlichen Lieder. ⁴ [1900], S. 247, Nr. 1181b).

III.
Jägerlied.

[54]   1. Hört zu, ihr Weideleut,
      Wie mir 's heut ging
      Bei früher Tageszeit,
      Als ich sah, ob nicht ein Hase
      Oder ein Wild
      Sich aufhielt
      Im grünen Grase.

    2. Was ein Weidmann haben soll,
      Hab ich wohl.
      Meine Taschen waren voll
      Gutes Pulver, Blei und Hagel
      Und mein Rohr
      Schoß zuvor
      Auf einen Nagel.

    3. Ich ging lange hin und her
      Mit Beschwer,[1])
      Ob nichts anzutreffen wär.
      Da war aber nichts zu finden,
      Dort noch hier
      Im Revier,
      Wie auch in Gründen.[2])

---

[1]) hds. Beschwerd; [2]) hds. im Grünen.

4. Endlich wurd mein Lust gestillt
Nicht mit Wild,
Sondern durch ein Frauenbild,
Die mir gangen kam entgegen,
Als mein Horn
Sich aus Zorn
Hub an zu regen.

[55] 5. Lächelnd tät sie zu mir stehn
Und wollt sehn,
Was mir wär vor Leid geschehn.
Hub auch freundlich an zu fragen,
Bat mich sehr,
Was mir wär,
Ich sollt 's ihr sagen.

6. „Schönste," gab zur Antwort ich,
„Sollte mich,
Das nicht kränken inniglich,
Sollte mich das nicht verdrießen,
Daß den Tag
Ich nicht mag
Ein Wildbret schießen."

7. „Sei nur zufrieden, Weidemann,"
Hub sie an,
„Dir soll werden g'nug getan.
Mach dich fertig, komm und wische
Eilends fort
Mit mir dort
In ein Gebüsche."

8. „Seid ihr fürwahr ein Weidmannsknecht,
Sagt mir 's recht
Und schießt mir ein bunten Specht,
Damit das mein Vogelbüntgen¹)
Werden soll." —
„'S tut dir wohl,
Mein schönes Kindgen!"

[56] 9. „Das Treffen, seh ich, ist dein Gebrauch,"
Sprach sie auch,
„Schieß mir jene Taub im Strauch!"
Ich setzt an das Rohr geschwinde,
Traf ins Ziel,
Das gefiel
Dem schönen Kinde.

10. „Auch den Gugu schieß mir doch,"
Bat sie noch,
„Schau, wie schreit er dort beim Loch!
So will ich bei meinem Leben,
Schütze, dir
Mich allhier
Zu eigen geben."

11. Als ich ihn sah sitzen bloß,
Brannt ich los,
Daß er fiel in ihren Schoß.
Sie rief laut: „Schütz über Schützen,
Die da sein,
Du allein
Sollst bei mir schwitzen!"

---

¹) Liebling.

12. „Tu noch eins, das mich ergötzt,"
Bat sie letzt,
„Schau, was hat sich dort gesetzt!"
Eine kleine, haarige Meise
Ich bald brav
Schoß und traf
Nach meiner Weise.

[57] 13. „Ihr seid ein Weidmann, wie (er) sein soll,
Ihr tut mir wohl.
Ich bitt, schießt mir den Käfig voll
Und zum ewigen Angedenken,
Glaubt mir fest,
Das Vogelnest
Will ich euch schenken."

14. Aber meine Feder[1]) war zu schlapp
Und nahm ab,
Stund auch nit, kein Feuer gab,[2])
Daß ich traurig wollt abziehn.
„Ei, doch wie,"
Sagte sie,
„Was willst du fliehn?"

15. Geschwind sie bald zu Hilfe kam,
Die schöne Dam,
Den Stutzen[3]) in die Hand selbst nahm.
Da war flugs gespannt die Feder
Und im hu
Schoß ich zu
Auf Busch und Leder.

---

[1]) Bildlich für penis; [2]) hds. gibt; [3]) penis.

21

16. In meine Arme hingeschmiegt
    Und besiegt,
    Sprach sie: „Nun bin ich vergnügt!
    Künftig kannst nach deinem Willen
    Stets bei mir
    In dem Revier
    Deine Jagdlust stillen.”

[58] 17. „Du hast meine Lust gestillt
    Und erfüllt,
    Komm nur wieder; wann du willst
    Etwann nach den Vögeln gehen,
    Soll mein Wald[1])
    Dir alsbald
    Auch offen stehen.”

(Graz in Steiermark, ca. 1840. — Hds. Nr. 840 des steiermärkischen Landesarchivs in Graz aus dem Besitze Anton Meixners. S. 54 ff. Nr. 37. — Das ganze Lied ist eine verschleierte Beschreibung mehrerer Begattungen.)

IV.

[64] 1. Ach, Lisetchen, deine kleine —
    Augen haben mich verletzt,
    Hast denn du noch eine reine —
    Treu und Lieb auf mich gesetzt.

2. O, so laß in deine enge —
    Felsenbrust meine Seufzer ein
    Und betrachte doch die Länge —
    Meiner all zu großen Pein.

---

[1]) Vulva.

3. Sieh doch gütigst meinen steifen —
Vorsatz, dich zu lieben, an,
Willst du denn noch nicht begreifen, —
Daß ich dich nicht lassen kann.

[65] 4. Welch ein Glück, du streckst die weiße —
Hand zu meiner Rettung her,
Schon durchströmt der siedend-heiße —
Wunsch nach Tod mein Herz nicht mehr.

5. Lisetchen, deine bloße —
Gegenwart hält mich zurück,
Wahrlich, Mädchen, ich durchstoße —
Mich noch diesen Augenblick.

(Graz in Steiermark, ca. 1840. — Hds. Nr. 840 des steier-
märkischen Landesarchivs in Graz aus dem Besitze Anton
Meixners. S. 64 f. Nr. 42).

V.
Klagelied.

[63] 1. Ich bin ein junges Weibchen,
Habe einen alten Mann,
Schön zart bin ich vom Leibchen,
Das sieht man mir wohl an.[1])

2. Schön weiß sind meine Brüste,
Der Mund ist rosenrot
Und wann es jemand wüßte,
Der liebet sich zu tot.

---

[1]) Hds. Das seht mir wohl noch.

3. Was hilft das Carassieren,
   Wenn man nicht lieben kann;
   Die Zeit muß ich verlieren
   Bei einem alten Mann.

4. Wenn ich im Bett tu schwitzen,
   So ist er eisenkalt,
   Er hat ja keine Hitze[n],
   Das macht 's, er ist zu alt.

5. Ich koch ihm täglich Eier,
   Auch Zeller und Salat,
   Es ist die alte Leier,
   Zum Lieben ist er zu alt.

6. Ich laß ihm täglich holen
   Den allerbesten Wein,
   Er hat ja kein Gefühle
   In Adern, Mark und Bein.

[64] 7. Und wann ich ihm tu spielen
   An seinem Schneckenhaus,
   Der Schneck hat kein Gefühle,
   Der Schneck will nicht heraus.

8. Darüber wird er böse
   Und zeiget mir Verdruß,
   Er gibt mir leere Stöße,
   Die ich beweinen muß.

9. Ihr Mädchen, laßt euch raten,
   Heirat's kein alten Mann,

Viel lieber ein' Soldaten,
Der euch brav lieben kann.

(Graz in Steiermark, ca. 1840. — Hds. Nr. 840 des steiermärkischen Landesarchivs in Graz aus dem Besitze Anton Meixners. S. 63 f. Nr. 41. — Vgl. Blümml, Erotische Volkslieder. S. 14 f. mit weiterer Literatur).

Formen dieses Liedes leben heute noch, wie nachstehende Aufzeichnung beweist:

1. Ich bin ein junges Weiberl und hab an alten Mann, ich wär so zierlich am Leibe, das sieht mir wohl je - dermann an, ich an.

2. Schneeweiß sind meine Brüste,
   Mein Mund ist rosenrot,
   Wenn dies nur jeder Mann wüßte,
   Der küßte mich zu tot.

3. Ich sitz im Bett und schwitze,
   Mein Mann ist eisenkalt,
   Er hat ja keine Hitze,
   Zum Leben ist er schon zu alt.

4. Ich koch ihm täglich Eier
   Und Gurken zum Salat,

Es bleibt die alte Leier,
Zum Leben ist er schon zu alt.

5. Drum sag euch's, jungen Mädchen,
Heirat's euch keinen alten Mann,
Nehmt's lieber einen jungen Soldaten,
Der euch ernähren kann.

(Braunsdorf und Goggendorf, Gb. Ober-Hollabrunn, Nieder-
Österreich, 1908).

VI.

[11] 1. Du falscher Hertzens-Dieb,
Cupid, du loser Bube,
Geh weg mit deiner Lieb
Und lasse mich zur Ruhe.
[12]   Du hast mich [12] leider troffen,
Ach, wie bin ich so blind,
Daß ich dir nachgeloffen,
Thu hoffen, [thu hoffen,]
Ach, du mein liebes Kind.

2. Hätt ich gefolget dem,
Der mirs so treu gesaget,
Gehe weg, eh ich mich klem,
Ach, hätt ich ihn fort gejaget.
Hätt man mich nicht verhetzet,
Meine Ehre wär noch rein,
Jetzt ist sie schon zufetzet,
Man wetzet, man wetzet
Einen wohl um die Bein.

3. Ich habe schon nunmehr,
Ich lieg dir zwar nichts vor,
Mein Bauch ist centnerschwer,
Ich muß wandern vor das Thor;
Die Püttel suchen mich,
Die Stadt muß ich jetzt meiden,
Muß scheiden, muß meiden
Und lassen alls im Stich.

4. Wo ich gedencke der Zeit,
Als ich noch Jungfer war,
Als ich mit höchster Freud
Auffputzte meine Haar.
Wie ich so schnell zum tantzen
Gelauffen früh und spat,
Hernach bekam ich vors tantzen
Ein Rantzen[1]), vors tantzen
Ein Kind im Leibe trag.

5. Was soll ich fangen an
Mit meinen vollen Bauch,
Weil ich nicht gehen kan,
Was vor ein neuer Brauch.
Ich muß mich doch erträncken,
Ach, hätt ich nur ein Band,
Ich wolt mich gleich erhäncken,
Erträncken, erhäncken,
So käm ich aus den Land.

6. Ach, liebes Kindelein,
Wo soll ich mit dir aus,

---

[1]) Vollen Bauch.

Liegst da gewickelt ein,
Ach Gott, was vor ein Grauß!
[13] Wer will uns doch ernehren,
Erhalten unser Leben,
Alles muß ich verkauffen,
Muß lauffen zum Kauffmann,
Der Path muß auch was geben.

7. Ach, du verdambte Lieb,
Wo hast du mich hingebracht,
Bist ärger als ein Dieb,
Der mir den Bauch gemacht.
Jetzt thust du meiner lachen,
Weil einen Printzen hab,
Daß mir das Hertz thut krachen,
Laß lachen, laß machen,
Es ist nur Gottes Gab.

(Bergliederbüchlein ca. 1700/10. S. 12 f.. Nr. 11. — Vgl.
A. Kopp, Ältere Liedersammlungen [1906], S. 16, Nr. 11).

VII.

[44] 1. Einsmahls ich vor ein Klösterlein gieng
Gegen diesen Abend so spate, :/:
Da begegnet mir mein wunderfeines Lieb,
Sie war bey mir alleine. :/:

2. Wer ist, der dir begegnet hat
Gegen diesen Abend so spat? :/:
Jungfrau Catherine, kennt ihr euren Schlaff-
Buhlen nicht,
Siegemund hat er geheissen. :/:

3. Seyd mir willkommen, traut Siegemund allein.
Gott danck euch, meine Jungfrau Catha-
rina,[1]) :/ :
Wie offt habt ihr mir mein junges Hertz
erfreut
So gar in schneller Liebe. :/ :

4. Eins, zwey, drey, viere, fünffe, sechse, sieben-
mahl,
Achte, neun, zehn, das ist tausend[mahl], :/ :
Sa, sa, sa, sa, so hat es keine Noth,
Geht mit mir heim nach Hause. :/ :

5. Wir wollen ein kleines Löchelein auff-
schlag[e]n,
Ein kleines Löchelein wolln wir auff-
schlagen :/:
Und wollen miteinander fein lustig seyn,
Es soll uns wohl behagen. :/:

(Bergliederbüchlein ca. 1700/10, S. 44 f., Nr. 88, 2. —
Vgl. Kopp, S. 81).

VIII.

1. Es wolt ein Meyer[2]) meyen[3]),
Wolt meyen auff grüner Heid, :/ :
Was trug er auff sein Rücken?
Ein Sänßlein, das war breit,
Damit wolt er abmeyen
All Blümlein auff grüner Heid. :/ :

---

[1]) Lies: Catharein; [2]) Mäher; [3]) mähen.

2. Als das ein Fräulein hörte,
   War sie frölich zur Stund. :/:
   Sein Senselein[1]) thät er wetzen
   Dreymahl in einer Stund,
   Da war das Mägdlein frölich,
   Das er gut meyen kund. :/:

3. Sie sprach: „ich hab ein Wieselein,[2])
   Es ist aller Blümlein voll, :/:
   Es liegt zwischen zweyen Bergen,
   Es wässert sich so wohl;
   Gott wolle mir den bewahren,
   Der darauff meyen soll." :/:

[46]
4. Was zog sie von ihren Finger?
   Von Gold ein [46] Ringelein. :/:
   „Sie da, du edler Meyer,
   Das geb ich dir zu Lohn,
   Mein Meyer soltu bleiben
   Den gantzen Sommerlang." :/:

(Bergliederbüchlein ca. 1700/10, S. 45 f., Nr. 84. — Vgl.
F. M. Böhme, Altdeutsches Liederbuch [1877], S. 127; Kopp,
S. 31, Nr. 84).

IX.

[47]
1. Blaset tapffer auff, all ihr Junggesellen,
   Alle, die ihr gern heyrathen wolt.[3]) :/:
   Die Jungfern seyn falsch und betrogen,
   Alles, was sie reden, ist erstuncken und
                                    erlogen. :/:

---

[1]) Penis; [2]) vulva; [3]) lies: Alle, die gern heyrathen wöllen.

2. In Fleischbäncken und ins Beckens Hauß
Tragen sie die Junggesellen aus, :/:
Sie lassen der keinen vorüber gehn,[1])
Sie he[n]gen ein jeden ein Schandfleck an. :/:

3. Des Morgens, wenn sie Herr und Frau er-
wecken,
Eine Stunde drey sie die Füsse aus-
strecken, :/:
Sie schauen einander an, als wie die jungen
Affen,
Fragen wohl einander, wie sie haben ge-
schlaffen.:/:

4. Des Morgens, wenn sie früh auffsteh[e]n,
Ein Stund drey vor den Spiegel sie gehen, :/:
Da schauen sie an ihre zarten Brüstelein,
Wie sie so schöne gewachsen seyn. :/:

5. Darnach, wenn sie das Wasser sollen tragen,
Eine Stunde drey nach der Schürtze
fragen; :/:
Da gehen sie daher zulumpigt und zurissen,
Es hat wohl manche Jungfer ins Hembte
geschissen.

6. Wer uns diß Liedlein hat erdacht,
Der hat es den Jungfern zu Ehren ge-
macht. :/:
[48]   Er hat es erdacht [48] ein Bergmann in der
Wochen,

---

¹) Lies : **gahn.**

Es kan wohl manche Jungfer kein Wasser-
Suppe kochen.

(Bergliederbüchlein ca. 1700/10, S. 47 f., Nr. 36. — Vgl.
Kopp, S. 35 f. mit Abdruck von Str. 6).

X.

[48]   1. Du allerschönste, laß dich doch erbitten,
      Daß ich dich mög fassen in der Mitten : / :
      Und ich dich als ein armes Würmlein drücke
      Und ich mich an deiner zarten Brust er-
                qvicke. : / :

  2. Du allerschönste, laß dich doch erbarmen,
      Daß ich dich möge fahen in mein Armen : / :
      Und ich dich vor meine Dienerin nenne
      Und du mich vor deinen Diener kennest. : / :

  3. Deine Aeugelein leuchten heller als die
[49]   [49] Sterne,
      Wenn ich dich schöns Liebgen seh von
                ferne, : / :
      So thu ich mich daran recht ergötzen
      Und empfind große Freud in meinem
                Hertzen. : / :

  4. Zwar du bist mein Schatz auf dieser Erden,
      Keine andre soll mir lieber werden, : / :
      In mein Hertze wil ich dich einschreiben,
      Ewig, ewig solt du mein liebster Schatz
                bleiben. : / :

5. Ach, ach, ach, wie wird der Bräutgam lachen,
   Wenn er wird seine Braut zum Weibgen
   machen, :/:
   Ach, ach, ach, wie wird er sie doch lieben,
   Wenn er wird bey ihr in Bettgen liegen. :/:

6. Ich muß fort, ich muß mich patientiren,
   Wenn ich wieder komm, solt du mich
   spüren, :/:
   Daß ich ewig bey dir wil wohnen
   Und dir alles Gute[1]) reichlich wil beloh-
   nen. :/:

(Bergliederbüchlein ca. 1700/10, S. 48 f., Nr. 38. — Vgl.
Kopp, S. 37, Nr. 38).

XI.

[49] 1. Schweig nur still, :/:
   Dörffts nicht viel sagen,
   Zwischen zwey Bäumlein :/:
   Wollen wir eins wagen; :/:
   Zwischen [etc.]

2. Auf dem Baum :/:
   Wachsen Melonen,
   Unter dem Baum
   Ist es gut wohnen;
   Unter [etc.]

3. Auf dem Baum
   Wachsen viel Kirschen,
   Untern Baum

---

1) Im Druck: Gutes.

Ist es gut schwetzen;
Untern [etc.]

4. Auf dem Baum
Wachsen viel Rosen,
Untern Baum
Ist es gut kosen;
Untern [etc.]

5. Auf dem Baum
Wachsen viel Feigen,
Untern Baum
Ist es gut schweigen;
[Untern etc.]

[50]   6. Auf dem Baum
Wachsen Ziweden,
Untern Baum
Ist es gut überreden;
Untern [etc.]

7. Auf dem Baum
Wachsen viel Nüsse,
Untern Baum,
Wenn sie herunter falln,
Beiß auf und isse;
Untern [etc.]

8. Auf dem Baum
Wachsen viel Aepffel,
Untern Baum
Fallen viel Tröpffel;
Untern [etc.]

9. Auf dem Baum
   Wachsen viel Birnen,
   Untern Baum
   Ist es nicht irren;
   Untern [etc.]

10. Auf dem Baum
    Wachsen viel Pflaumen,
    Ich steck die Finger nauff,
    Leck du die Daumen;
    [Ich etc.]

(Bergliederbüchlein ca. 1700/10, S. 49 f., Nr. 89. — Vgl.
Kopp, S. 87, Nr. 89).

XII.

[64] 1. Ich hatt mir ein Aennelein vorgenommen,
      Ich vermeynte, sie solte um zwölffe heim-
                                        kommen,
[65]   Da kam mein Bruder Baltzer[1]) zu [65] mir:
      Was hast du mit deinen Aennelein für?
      Das soltu nicht verschweigen, verschweigen,
      Das soltu nicht verschweigen.

      2. Bruder Baltzer, meine Sachen stehen wohl,
      Wenn ich dirs nur verdrauen soll
      Und meine Sache bey dir verschwiegen.
      So ihr solt heinte bey Aennelein liegen,
      Schweig still und laß dichs nicht mercken,
      Schweig still und laß dichs nicht mercken.

---

¹) Balthasar.

3. Was hat mich den nächten zu den Weine
getragen,
Was wird mein Aennelein dazu sagen,
Daß ich so lange bin außen geblieben,
Sie meynt, ich hätte ein Schertz getrieben,
Dazu bracht mich mein Bruder, Bruder,
Dazu bracht mich mein Bruder.

4. Ich kam vor meiner Wirthin ihr Hauß,
Sie leichten mir tapffer mit Brügeln heraus,
In Häußlein ließ sich niemand meldten;
Es fiengen zwey Hündelein an zu bellen,
Sie bletzten mir an mein Fersen, Fersen,
Sie bletzten mir an mein Fersen.

5. Wer ist mir in mein Häuselein kommen?
Das haben zwey Hündelein wohl vernom-
men.
Bey Nacht, bey Nebel, bey verschloßner Thür;
Steh auff, laß Bruder Baltzern herführ,
Daß er die Sache nicht verschertze, ver-
schertze,
Daß er die Sache nicht verschertze.

6. Ich fiel wohl über ein Scheit Holtz danieder,
Botz hundert, fiedel auff, wie fiel ich so übel,
Ich fiel wohl vor die hinter Thür,
Da wischte ein schwartzbrauns Mägdel her-
für,
Sie hätte mich balde erhaschet, erhaschet,
Sie hätte mich balde erhaschet.

7. Ach Aennelein, liebstes Aennelein mein,
Ich weiß mir ein gutes Känngen mit Wein,
Wir wollens hinter den Offen tragen;
Wir wollen ein kleines Müthlein haben,
In des vergeht uns der Zorne, der Zorne,
In des vergeht uns der Zorne.

8. Er führet sie wohl auff die Dännen,
Er thät ihr als wie der Hahn mit der Hennen,
Die beyde, die hätten ein großen Strauß,
Gleichwie das Kätzlein mit der Mauß;
Da schlug der Seiger eines, eines,
Da schlug der Seiger eines.

(Bergliederbüchlein ca. 1700/10, S. 64 ff., Nr. 50. — Vgl.
Kopp, S. 45, Nr. 50).

XIII.

[75] 1. Es ist mein großes Ungelücke,
Daß ich so wunderschöne bin,
Die Jungfern reissen mich in Stücke,
Wenn ich nicht will von hinnen ziehn;
Die Weiber kommen auch dazu,
So hab ich weder Rast noch Ruh.

2. Wenn ich bey einer bin gewesen,
So find sich schon die andre Magd,
Die bringt mir einen Brieff zu lesen
Und mich mit neuer Liebe plagt;
Da ich noch bey der andern bin,
So kömmet schon die dritte hin.

3. Ich kan mich nicht zu todte lieben,
   Man kriegt des Dinges gleichwohl satt,
   Ein Schiffmann kan nicht immer segeln,
   Wenn er gleich Schiff und Ruder hat;
   Schont doch ein Bauer seine Hand
   Und hängt den Flegel an die Wand.

4. Ein Fuhrmann fährt die gantze Woche,
   Doch ruht er auff den Sontag aus,
   Ein Bergmann steckt nicht stets im Loche,
   Er kriechet unterweilen raus,
   Ein Fechter, der da haut und stöst,
   Wird doch von andern abgelöst.

5. Ich bin den gantzen Tag geschoren,
   Was hab ich endlich doch davon,
   Die Kräffte gehen mir verlohren,
   Das ist das beste Macherlohn
   Und wenn es kömmt, so heist der Schluß,
   Daß ich von hinnen ziehen muß.

(Bergliederbüchlein ca. 1700/10, S. 75, Nr. 58. — Vgl.
Kopp, S. 46, Nr. 58).

XIV.

[124] 1. Hat dich den das Ungelücke
          Wieder in den Krug geführt! —
          Geh, du ehrvergessnes Stücke,
          Geh und thu, was dir gebührt.

[125] 2. Sauff, du alter Galgenvogel,
          Sauff nur Pech und Schwefel nein! —

Dir in deinen Halß geschmissen,
Ich trinck Bier und Brandewein.

3. Sieh, wie deine Frau hier stehet,
   Die kein Hembd am Leibe hat. —
   Laß dir den Potex mit Dinte schmieren,
   So hast du der Kleider satt.

4. Deine Kinder sambt den Rindern
   Sterben fast vor Hungersnoth. —
   Laß sie Kraut und Rieben fressen,
   Hofirn sich nicht an Knochen tod.

5. Ach, wär ich doch blind gebohren,
   Ob[1]) ich dich gesehen hät. —
   Laß dir was in die Augen scheisen,
   So hast du zu sehen satt.

6. Ach, wär ich doch längst gestorben
   Und leg in der kühlen Erd. —
   Ich wolt es gescheh wohl morgen,
   Das wär ja wohl wüntschenswerth.

7. Wenn du kömst des Nachts zu Hause,
   Schmeist du Töpff und Tiegel entzwey. —
   Geh und laß mich recht ausschmausen,
   Das steht mir vorhin wohl frey.

8. Bist du nicht ein grober Flegel,
   Daß du mir nicht folgen wilt. —

---

¹) Als daß ich.

Geh, ich will dich halbtod briegeln,
Wird der Handel bald gestillt.

[126] 9. Kansts nicht lassen, thu es balde,
Wirst davon kein Ehre han. —
Wenn dir nur der Magen erkalte,
Wär ich ein gesegnter Mann.

10. Nun sauff, du versoffner Teufel,
Daß dir es der Hencker gesegn! —
Ja, ich trinck ohn allen Zweifel,
Es soll noch was mehrs geschehn.

11. Mann, mit diesen groben Possen
Ist das Spiel nicht ausgemacht. —
Frau, leck du mir aus den Mase,[1]
Nun Ade zu guter Nacht.

(Bergliederbüchlein ca. 1700/10, S. 124 ff., Nr. 108. — Vgl. Kopp, S. 80, Nr. 108; E. Meier, Schwäbische Volkslieder [1855], S. 155, Nr. 69; Hoffmann-Richter, Schlesische Volkslieder [1842], S. 229, Nr. 197; M. Hölzl, Lach'n oder rer'n? 85 Volkslieder. ² [1905], S. 25, Nr. 18).

XV.

[135] 1. Wenns Mägdel gleich klein ist,
Wenns nur hübsch und fein ist, :/:
Hübsch und fein und wunderlich,[2]
Mägdel, wart ein Jahr auf mich. :/:

2. Wenns Mägdel gleich kurtz ist,
Wenns nur hübsch geschurtzt ist, :/:
Hübsch geschurtzt und wunderlich,
Mägdel, wart ein Jahr auf mich. :/:

---

[1] ûz der mâzen = sehr; [2] seltsam.

3. Wenns Mägdel gleich dick ist,
Wenns nur hübsch geschickt ist, :/:
Hübsch geschickt und wunderlich,
Mägdel, wart ein Jahr auf mich. :/:

4. Wenns Mägdel gleich lahm ist,
Wenns nur hübsch an Zahm[1]) ist, :/:
Hübsch und zahm und wunderlich,
Mägdel, wart ein Jahr auf mich. :/:

[136] 5. Wenns Mägdel gleich hincket,
Wenns nur nicht saufft und trincket, :/:
Gar zu viel macht wunderlich,
Mägdel, wart ein Jahr auf mich. :/:

6. Wenns Mägdel gleich hauget,[2])
Wenns nur zu was dauget, :/:
Denn das Daugen ist wunderlich,
Mägdel, wart ein Jahr auf mich. :/:

7. Wenns Mägdel gleich lang ist,
Wenns nur hübsch am Gang ist, :/:
Denn der Gang ist wunderlich,
Mägdel, wart ein Jahr auf mich. :/:

8. Wenns Mägdel gleich groß ist,
Wenns nur nicht gar bloß ist, :/:
Gar zu bloß ist wunderlich,
Mägdel, wart ein Jahr auf mich. :/:

9. Wenns Mägdel gleich alt ist,
Wenns nur hübsch bey Geld ist, :/:

---

[1]) Besser: und zahm; a n ist wohl Druckfehler für u n d;
[2]) nachdenklich, sinnend ist.

Denn das Geld macht wunderlich,
Mägdel, wart ein Jahr auf mich. :/:

10. Wenns Mägdel gleich bleich ist,
Wenns nur hübsch reich ist, :/:
Hübsch und reich macht wunderlich,
Mägdel, wart ein Jahr auf mich. :/:

11. Wenns Mägdel gleich roth ist,
Wenns nur nicht sehr koticht[1]) ist, :/:
Gar zu koticht macht wunderlich,
Mägdel, wart ein Jahr auf mich. :/:

12. Wenns Mägdel gleich schön ist,
Wenns nur nicht so gemein ist, :/:
Gar zu gemein macht wunderlich,
Mägdel, wart ein Jahr auf mich. :/:

13. Wenns Mägdel gleich arbeit,
Wenns nur nicht lang alleine leit,[2]) :/:
Alleine liegen macht wunderlich,
Mägdel, wart ein Jahr auf mich. :/:

[137] 14. Wenns dem Mägdel gleich sauer wird,
Wenn es nur nicht der Bauer schiert,[3]) :/:
Denn der Bauer ist wunderlich,
Mägdel, wart ein Jahr auf mich. :/:

15. Wenns Mägdel gleich jung ist,
Wenns nur hübsch gesund ist, :/:

---

[1]) Schmutzig, schmierig; [2]) liegt; [3]) belästigt.

Nur gesund, nicht wunderlich,
Mägdel, wart ein Jahr auf mich. :/:
(Bergliederbüchlein ca. 1700/10, S. 136 f., Nr: 115. — Vgl.
Kopp, S. 85, Nr. 115).

XVI.

[236] 1. Gleich wie ich meine Lust und Freud
Allzeit an Vogeln habe,
So geh ich nach Gelegenheit, —
Wann ich kan kommen abe,
Wann mir die Zeit sonst wär zu lang, —
Ein wenig auf den Vogelfang.

2. Dahin pfleg ich auch insgemein
Ein Mädgen mit zu führen,
Die zwar einfältig scheint zu seyn,
Kan aber gut vexiren;
Kein Vogelsteller ist so nicht
Wie sie zum Vogeln[1]) abgericht.

3. Sie geht und stellt das Netzgen auf
Und lauret im Gebüsche,
Sie giebet fleißig Achtung drauff,
Ob sie etwas erwische
Und kömmt alsdenn ein Vögelein,
So muß es alsbald drinne seyn.

4. Sie kan ihn übern Kopff geschwind
Das Netz zusammen ziehen,
Der Vogel aber stöst gantz blind
Ins Netz, hindurch zu fliehen

---

1) Vogelfang.

Und wann er flattert hin und her,
Verwickelt er sich immer mehr.

5. Und ich weiß nicht, wie es ihr glückt,
Daß, wann es ihr beliebet,
Sie nicht einmal vergebens rückt,
So wohl ist sie geübet;
Sie hat sich auch schon ziemlich lang
Geleget auf den Vogelfang.

[237]

6. Weil sie selbst einen Vogelheerd
Hat bey der fleischern Weyde,[1]
Dahin, weil mirs nicht war verwehrt,
Hatt ich offt meine Freude;
Sonst wars ein feiner Vogelheerd,
Jetzt aber ist er nicht viel werth.

7. Sie sietzen jetzt gar sparsam auff,
Sie kan sie nicht recht ätzen,[2]
Kommt gleich einmal ein Gümpel drauff,
Er ist nicht hoch zu schätzen,
Gar selten, daß ein Ziemer[3] fällt,
Die man für gute Vögel hält.

8. Allein der Seidenschwantz[4] befind
Sich da in großer Menge,
Was aber andre Vogel sind,
Seynd da nicht gar zu gänge;[5]
Den Seidenschwantz den nahm sie aus,
Da löst sie manchen Thaler draus.

---

[1] Vulva; [2] nähren; [3] Krammetsvogel; [4] Umschreibung für penis; [5] häufig.

9. In dem sie sich am Netz ergötzt,
   Sah ich nach der Leimspille,[1])
   Ob etwan sich was auffgesetzt,
   Ich gieng fein sanfft und stille,
   Da ich nun also sah hinan,
   Dacht ich, es wär ein Drustel[2]) dran.

10. Allein, wie ich recht nahe kam,
    Es ansah und fein leise
    Herab und in die Hände nahm,
    Wars eine Pumpelmeise;[3])
    Da fieng sie an und mauste sich,
    Das war mir wohl recht lächerlich.

11. Die Spille blieb an ihren Ort,
    Ich aber gieng fein sachte
    Mit ihr und ihrer Meise fort,
    [238]   Weil es [238] sich dunckel machte
    Und mir die Zeit schon ziemlich lang
    Gelegen auf den Vogelfang.

(Bergliederbüchlein ca. 1700/10, S 236 ff., Nr. 197. — Vgl.
Kopp, S. 142, Nr. 197).

XVII.

[128] 1. Es war einmahl ein jungckfraw zart,
     es trägt an ihrem beüchlein so hart,[4])
     man thete es vernemmen,
     das sie hett ein schäntzelein gewagt;[5])
     ietzund trägt sie vnverzagt
     die jungckfrawschafft erkennen.[6])

---

[1]) Leimspindel; [2]) Drossel; [3]) vulva, Pumpel ist feminal
(s. Schmeller-Frommann, Bair. Wb. I. 392); [4]) schwer; [5]) Spiel;
[6]) zu erkennen, zur Schau.

2. Ihre brüstlein schön weiß vnd rundt,
   sie nit mehr einschnüeren kundt,
   als sie theten geschwellen;
   fragt die mutter wohl zu rath,[1]
   sie thät schickhen in das bad
   vmb baaders gesellen.

3. Dem badergsellen sie nicht gefüell,
   fragt: was ist dann ewer will?
   was wolt ihr mir schaffen? —
   Ach, mein lieber baderknecht,
   geht mir nit gar wohl vnd recht,
   kan ein gantze nacht nicht schlaffen.

4. Wann ihr nicht hett, wie ich vermein,
   Etwas eingefasset! — Soll ich dann ein solche
                                            sein,
   sie sprach, ich bin ein jungckfraw rein,
   last mir ohn alle scheihe.[2] —
   Das[3] ich eüch dann lassen soll,
   thut ihr mich verstehen wohl,
   was ich eüch will sagen.

[129] 5. Ich trag bey mir zwey eyselein schlecht,[4]
   die seyndt nit einem ieden recht,
   die adern auffzuschlagen;[5]
   eines für die frawen kehrt,
   das ander für die jungckfrawlin werth,
   so müst ihr mich verstehn.[6]

---

[1] Um Rat; [2] laßt mir ohne Scheu die Ader; [3] weil;
[4] einfache; [5] besser: slân; [6] besser: verstân.

6. Wan ich euch jungckfraweyßlein brauch
vnd ihr hett ein kindlein im bauch,
wär schon vmbs leben geschehen. —
Da sie diese red vernam,
schenckht sie ihm zween thaler z'lohn,
thet ihm mehr ehr beweisen.

7. Weil dann das jungckfraweyselein
möcht also gefährlich sein,
so nimbt[1]) das fraweneyselein. —
Da merckhet diser bader wohl,
das sie hett ihr bäuchlein voll
vnd kundt ihrs nimmer wenden.[2])

8. Seyndt dergleichen noch gar vihl,
solch jungckfrawen in der still,
wie mans pflegt zu sehen;
wöllen allzeit jungckfrawen sein,
geben der welt denn augenschein,
das sie kindtlein tragen.

(Liederhandschrift des Friedrich Schwehle aus dem Jahre
1658 [kgl. öffentl. Bibliothek zu Stuttgart. Hds. Poet. et philol.
O. 43], S. 128 f. — Zum Stoff vgl. man Joh. Bolte zu Martin
Montanus, Schwankbücher [1899], S. 573, Nr. 28 und 652 ff.,
Nr. XLIX [ein anderes Lied auf dieselbe Begebenheit]. Ein ähn-
licher Gedanke liegt auch dem Liede mit den Orgelpfeifen bei
Ditfurth, Einhundertundzehn Volks- und Gesellschaftslieder des
16., 17. und 18. Jahrhunderts [1875], S. 153 ff., Nr. 40 zu Grunde).

XVIII.

[136] 1. Relation, relation
von Fillis vnd von Coridon,

---

[1]) Nehmt; [2]) rückgängig machen.

sehr wunderseltzam bossen[1]):
Cupido hat vor kurtzer weil
sie alle beede mit eim pfeil
biß auff den todt geschossen.

2. Diß ist gegangen also zu:
die Fillis hielt mittagesrueh
vnter einer grüenen eichen;
hirt Coridon wirdt diß gewar
vnd meint, sie sey gestorben gar,
thet leise zu ihr schleichen.

[137] 3. Küsst sie auff ihren rothen mund,
zu sehn, ob sie noch sey gesund,
ob ihr aussgeh der athem.
Cupido klein des gar wol lacht,[2])
bey sich in seinem hertzen dacht:
wer hat dir das gerathen?

4. Es zuckht herfür sein gulden pfeil
aus seinem köcherlein in eyl,
auff ihre hertzlein zihlet.
wz gschicht? der schoss gar wol gerüt,[1])
spalt beide hertzlein in der mit,
groß schmertz ein iedes fihlet.

5. Jetzundt dz tausendt schelmelein
gibt sich nun an, ihr artzt zu seyn.
hört, wz es braucht, merckht eben:
es nam der Filli kränzlein ab

---

[1]) Streiche; [2]) darüber lacht. — Hilarius Lustig hat:
Cupido klein diß gar wol acht; [3]) geriet.

vnd Coridon sein hirtenstab[1])
zur artzeney must geben.

6. Nun ligen sie beed in der cur,
   wie wirdts doch immer gehen nur?
   wir wollens bald erfahren,
   wie sie Cupido hab vexiert
   vnd was er hab heraus curiert
   nach dreyen vierteljahren.

(Friedrich Schwehle'sche Liederhandschrift aus 1658, S. 186 f. — Zuerst in den Waldliederlein des Joh. Herm. Schein, 1626; Tugendhaffter Jungfrauen und Jungengesellen Zeitvertreiber des Hilarius Lustig, ca. 1690, Nr. 182; vgl. Meusebach-Hayn, Tugendhaffter Jungfrauen und Jungengesellen Zeitvertreiber [1890], S. 20).

XIX.

[138] 1. Es gieng ein schäffer vndern bäumen
       vnd lägte sich in schatten hin,
       alsbald da fieng ihm an zu träumen,
       wie er bey seiner schäfferin
       nicht nur allein die gunst verlohren,
       sie hätt ihm auch den todt geschworen.

[139] 2. Er muste auch darzue verschmirtzen,[2])
       wie sie bey einem andern saß
       vnd ließ sich freündtlich von ihm hertzen,
       sie legte sich die läng inß graß,
       ließ ihr begreiffen wohl die brüste,
       alß ob sie stille halten müeste.

---

[1]) Penis; [2]) lies: verschmertzen.

3. Sie hatte noch zu seinen schosse[1])
   die wollweiche händ gelegt,
   die lämmer nagten an dem mose,
   daß die verfluchte wurtzel trägt
   vnd sehe[n] zu bey iedem büssen,
   wie sie den schäffer konte küssen.

4. Sie lag gantz bloß vnd nackhendt oben,[2])
   eß war ihr sommerleichter rockh
   biß an die knie hinauff gehoben,
   sie labte seinen schäfferstockh[3])
   mit seinem außgegerbten stihle,
   der ihr so treflich wohl gefiehle.

5. Er lägte sich auff sie fein sachte,
   sie thät, als schlieff sie trüber ein,
   als wüste sie nit, was er machte.
   ach, schäffer, was soll dises sein?
   sprach sie mit ebtwas sauer[4]) sehen,
   als eß schon alles war geschehen.

[140] 6. Sie gab ihm offt gar sauer[5]) blückhe
   vnd sah ihn doch auch freündtlich an,
   beklagte ihm ihr vngelückhe,
   wie das er ihr zu vihl gethon
   vnd thete doch, als ob sie wolte,
   daß er noch eins versuchen solte.

7. Er sprach: du darfft dich nicht befahren,[6])
   ob eß schon würdt ein junger sohn,

---

[1]) Hds. schossen; [2]) hds. ober; [3]) penis; [4]) bösen Blicken;
[5]) böse; [6]) ängstigen.

so bald er kombt zu seinen jahren,
so soll er heissen Coridon;
würt sich daß widerspihl[1]) erweisen,
so soll es nach der muetter heissen.

8. Indeß erwacht er auß dem schlaffe,
beklagte seine liebespein,
verfluchte sich vnd seine schaffe,
die so verlassen musten sein
vnd das er schlaffendt muste sehen,
was offtmahl wachendt war geschehen.

9. Drauff warff er stab vnd taschen nider
vnd schrye auß voller liebeßmacht:
zu euch komme ich wohl schwerlich wider,
ade, ihr wesen,[2]) gute nacht,
sagt, das ein vnglückhhafftes lieben
mich armen schäffer hat vertriben.

(Friedrich Schwehle'sche Liederhandschrift aus 1658,
S. 138 ff. — Hilarius Lustig ca. 1690, Nr. 5; vgl. Meusebach-
Hayn, S. 13. — Liederbuch des Clodius, 1669, Nr. 25; vgl. W.
Niessen, Das Liederbuch des Leipziger Studenten Clodius vom
Jahre 1669 [1891], S. 65 = Vierteljahrsschrift für Musikwissen-
schaft, VII. [1891], 638).

XX.

[141] 1. Luch[3]) doch, wie der hänßlen dorten
mit des schulteß graite[4]) koßt,
wie sie seinen glatten wortten
alles glaubt vnd fleissig losst,[5])

---

[1]) Gegenteil; [2]) gemeint sind die Schafe; [3]) luge, sehe;
[4]) Grete; [5]) zuhört.

fast halben verzuckht,
seht, wie sie so eben
die äuglein last schweben.
diß liebliche leben
pflegt Venus zu geben.

                mein guckh!

2. Ey, wie küst er sie so artig
   vnd sie ihn dargegen auch,
   sie ist jung, er noch nit bartig,
   wissen beede doch den brauch,
   die flätige[1]) kind.
   ihr nietliches rauben
   ist süesser als trauben,
   eß schmeichlen, bey glaube[n],
   kaum spatzen vnd tauben

                so lind.

3. Nun er nimbt ihr krantz vnd rosen,[2])
   dan sie wehrt vnd wert doch nit,
   ey, ey, ey der newen hosen,[3])
   die der rammler[4]) so verbricht.
   im rauschenden stro
   die liebelein machen
   recht kützlichen sachen,
   sie lachen, sie lachen,
   daß alles will krachen,

             ô ho.

(Friedrich Schwehle'sche Liederhandschrift aus 1658,
S. 141. — Teilweise abweichend bei Hilarius Lustig ca. 1690,
Nr. 147; vgl. Meusebach-Hayn, S. 20).

---

[1]) Mhd. vlaetic, schön, sauber; [2]) entjungfert sie; [3]) auf
einen zukünftigen Knaben angespielt; [4]) Begatter.

XXI.

[145] 1.   **Junggesell.**

Jungfraw, wie ich vermeine,[1])
so habt ihr gar ein kleine —
affection zu mir;
nach euch steth mein verlangen,
dieweil ich hab ein langen —
discurs gehört von ihr.

2.   **Jungfraw.**

Ach, jüngling, das nit meine,
das ich solt haben ein kleine —
affection zu dir;
das laß dich nit beschweren,[2])
es kan bald größer werdten,
darauff halt dich vestiglich.

3.   **Junggesell.**

Jungfraw, wann ich därfft hoffen,
dz ihr mir lassen offen —
ewr hertz vnnd gantz gemüeth,
darauff ich ietz thue gehen,
dieweil mir thut auffstehen[3]) —
nach euch mein sinn vnnd gmüt.

4.   **Jungfraw.**

Was sagt ihr lang von hoffen,
steht euch doch allzeit offen —
bey mir all gunst vnnd gnad;
kein zeit last euch nit walten,[4])

---

[1]) Glaube; [2]) mache dir keinen Kummer deswegen
[3]) sich richten; [4]) sorgt euch nicht um die Zeit.

frey rund will ich euch halten,
was ich versprochen hab.

5.   **J u n g g e s e l l.**
Allzeit ich mir einbilde,
dz mir doch ewer milte —
hand niemals abgesagt;
[146]   doch muß ich lähr [146] abschiessen,
weil ihr mit meinen süssen —
wortten nit abgesagt.

6.   **J u n g f r a w.**
ich laß mich gern bedienen,
weil euch nach meiner schönen —
gestalt so sehr verlangt,
frey rund will ich mich lassen,
an ewre ärmlein fassen,
darumb verziecht[1]) nit lang.

7.   **J u n g g e s e l l.**
Wie lang solt ich noch harren,
dz ihr[2]) mich lasset fahren —
in ewer hertz vnd gmüth;
därfft ab[3]) mir nit erschreckhen,
thut euch frey rund entdeckhen,
ob ich kund finden statt.[4])

8.   **J u n g f r a w.**
Von euch will ich nit weichen,
was ich mit meiner weissen —

---

[1]) Zaudert, zögert; [2]) hds. ich; [3]) wegen; [4]) ob ich Gewährung finde.

hand euch versprochen hab,
gar schön mich will bequemen,
wie wol mit meiner engen[1]) —
red ich nichts offenbar.

9.   J u n g g e s e l l.

Ach, wann ich sagen solte,
wie gerne ich euch wolte —
bedienen allezeit,
doch muß ich so lang warten,
das ich schon hätt ein hartten —
stein in der zeit bewegt.

(Friedrich Schwehle'sche Liederhandschrift aus 1658,
S. 145 f. — Ein Vexierlied, wie deren heute noch viele fort-
leben, vgl. oben Nr. IV und Blümml, Erotische Volkslieder, S. 18
zu Nr. IV).

XXII.

[101] 1. Ich ging einmal spazieren, hm, hm,
Tralala lala la,
Mit meiner Allerliebsten,
Ha ha ha ha ha,
Mit meiner Allerliebsten, ha, ha.

2. Wir waren ganz alleine, etc.
Ich nannte sie die Meine etc.

3. Drauf setzten wir uns nieder, etc.
Ich löste ihr das Mieder etc.

---

[1]) Beschränkten, kleinen.

4. Sie sagt, ich sollt sie küssen, etc.
   Doch niemand darf es wissen etc.

[102] 5. Was sonst sich zugetragen, etc.
       Das kann ich nicht mehr sagen etc.

(Graz 1830. — Hds. Nr. 840 des steiermärkischen Landes-
archivs in Graz aus dem Besitze A. Meixners, S. 101 f., Nr. 63.
— Vgl. über dieses Lied Blümml, Anthropophyteia, III [1906],
177, Nr. LX.).

XXIII.
Auf der Alm.

1. Wånn der Schnee von der Ålma wegageht
   Und im Fruahjåhr ålles grün dåsteht,
   Wånn die Kuhla läutn und die Kålm,
   So ist's a wåhre Freud auf der Ålm.

2. Is a Freud, wånn ma sieht die Sunn aufgehñ,
   Wånn ma hört ålle Vögeln singen schöñ
   Und dort in dem Dickicht der Meister Gugu schreit,
   Is nåch mein Hamur a wåhre Freud.

3. Kuh und Kålma sieht ma umaspringa
   Und då droben hört ma d' schöni Schwoagrin singa,
   So denk i hålt: es hilft nix dafür,
   Sie muß di schlåfen låssen heut bei ihr.

4. Kas und Butter kriegt ma bei der Schwoagrin gnua
   Und a Schmålzkoch kriegt ma a dazua
   Und wånn i frågen tua um a Nåchtquartier,
   So haßt's: meiñ lieber Bua, heunt schlåfst bei mir.

5. Auf die Nåcht, wånn die Schwoagerin schöni Lieder
singt
Und da Gamsbock über'n Stigel springt
Und da Stierjager spielt mit seiner roten Kua,
Tan mir a aso, meiñ lieber Bua.

(Graz in Steiermark 1830—1860. — Hds. Nr. 840 des
steiermärkischen Landesarchivs in Graz aus dem Besitze Anton
Meixner's, S. 121, Nr. 78a. — Vgl. die zahmen Fassungen bei
A. Schlossar, Deutsche Volkslieder aus Steiermark [1881), S. 158,
Nr. 120; J. Schöpfer, Tiroler Alpenlieder ⁵ [1894], S. 21 f.; F.
Kobell, Oberbayerische Lieder [1860]. S. 25, Nr. 10; K. Reiterer,
Lustige altsteirische Gsangeln [1906], S. 16; V. Jabornik, Edel-
rauten, 25 Lieder aus der grünen Steiermark [1894], S. 7, Nr. 4
und Beilage, S. 1, Nr. 4; A. Werle, Almrausch [1884], S. 449;
O. Schade, Handwerkslieder [1865], S. 132).

XXIV.

[130]   **Tochter und Vater.**

1. Vater, ist es nicht beschaffen
Für mich eine Männlichkeit?
Muß ich denn alleine schlafen
In dem Bett der Einsamkeit?
Soll ich stets in meinen jungen Jahren
Eine so rauhe Kutte tragen,
:/: Die mein' Busen zehret ab? :/:

[131] 2. Nein, mein Kind, auf dieser Erden
Bild dir nie was solches ein,
Eine Nonne mußt du werden
Und mußt leben keusch und rein;
Mit den Frommen mußt du dienen,
Gott zu Ehren mußt du singen,
:/: Gib dich nur geduldig drein. :/:

3. Vater, könnt ihr das verbieten,
   Was Gott selbst geboten hat?
   Sollte ich denn ohne lieben
   Wandeln bis in's kühle Grab?
   Dann Gott sprach: auf dieser Erden
   Soll die Welt vermehret werden;
   Seid ihr dann jetzt über Gott?
   Vater, das wäre euch ein Spott!

4. Diesen Frevel muß ich strafen,
   Du verblendtes Amorkind,
   Muß ich auch alleine schlafen,
   Da ich krank und elend bin
   Und ich duld dabei doch Schmerzen,
   Du kannst mit gesundem Herzen
   :/: Deine Tage bringen hin. :/:

5. Vater schweigt mit euren Schmerzen,
   Denn ich fühl es gar zu gut,
   Ihr habet Furcht in eurem Herzen,
   Mich aber drückt die Liebesglut.
   Diese Glut ist nicht zu dämpfen,
   Bis man sie tut niederkämpfen
   :/: Mit des Amors heissen Glut. :/:

6. Amorskind, du bist verblendet,
   Ganz verwirret ist dein Geist,
   Ich hab auf dich so viel gewendet,
   [132]   Alle Hilf und Dienst geleist.
   Laß mich von dir nichts hören,
   Tu von mir nichts mehr begehren,
   :/: Von mir bist du abgespeist. :/:

7. Vater, laß mich Gnade finden,
   Sieh nur meine Tugend an,
   Laßt nur eure Gedanken sinken,
   Und gebt mir nur einen Mann.
   Wann ich ohne Mann muß leben,
   Lieber will ich mein Geist aufgeben!
   Wär das nicht die größte Pein?
   Vater, gib dein Willen drein!

(Graz ca. 1830. — Hds. Nr. 840 des steiermärkischen Landesarchivs in Graz aus dem Besitze Anton Meixners, S. 130 ff, Nr. 85. — Vgl. Köhler-Meier, Volkslieder von der Mosel und Saar [1896], S. 153, Nr. 147 und 409, Nr. 147, mit weiterer Literatur; John Meier, Kunstlieder im Volksmunde [1906], S. 84, Nr. 588. – Zum Stoff vgl. A. Kopp. Ältere Liedersammlungen [1906], S. 22 f.).

XXV.
Der Rosengarten.

[126[1. Erlaubt mir die Anna[1]) in Garten zu gehen,
          Da seh ich von ferne Narcissen da stehen,
          Erlaubt mir['s[zu brechen, es ist schon die
                                                       Zeit,
          Die Schönheit der Rosen mein Herz so er-
                                                     freut.

       2. Nein, nein, meinet Anna, es ist noch zu fruh,
          Eine Rose zu brechen, die Fell[1]) sind
                                               noch zu,
          Wart bis sie wird offen und laß es jetzt
                                              noch sein,
          Es gibt ja noch mehr Gärten, steig anderstwo
                                                 hinein.

---

[1]) Entstanden aus: Diana. — [2]) Häute, Blätter.

[127] 3. Wo anderst einzusteigen, bin ich's nicht ge-
sinnt,
Die einzige Rosen hat mich ja so entzündt.

— — — — — — — — — —

— — — — — —   — — — — —¹)

4. Daß dich, Gottstausend, du feuriges Kind,
Was hat dich für eine Lieb so angezündt,
In einen verbotenen Garten zu gehen?
Was sticht dir in die Augen, tu mir es be-
stehen?

5. Nur eine, sonst keine in die Augen mir sticht,
Wie schöner die Rosen, wie lieber man's
bricht,
Verborgene Rosen, die schmecken sehr
wohl,
Die ich und du brechen, kein Mensch wissen
soll.

6. Komm du nur alleine, du weißt schon die
Tür,
Mußt aber kein andern nichts sagen von mir,
Komm du nur alleine, du weißt schon mein
Brauch,
Das Herz, das mich liebet, das liebe ich auch.

7. Die Rosen ist brochen, der Garten bleibt
stehn,
So ist es verboten in den Garten zu gehn,

---

¹) Fehlt in der Hds.

Die Rosen ist brochen, der Garten bleibt zu,
So wünsch ich der Anna eine schöne gute
Ruh.

(Graz ca. 1880. — Hds. Nr. 840 des steiermärkischen
Landesarchivs in Graz aus dem Besitze Anton Meixners, S. 126 f.,
Nr. 82. — Vgl. John Meier, Kunstlieder im Volksmunde [1906],
S. 64, Nr. 408. Schon 1681 und 1689 wird das Lied erwähnt,
siehe J. M. Wagner, Die deutschen Mundarten. VII [1877], 246
und Anmerkung [1]).

XXVI.
[139]   **Spottlied.**

1. Ist das nit ein neuer Watz,
   Widi widi widwom,
   Die Flöh, die kommen vom Jungfraunschatz,
   Widi widi widwom.
   Wann der Jungfrau zeitlang wird,
   Widi widi widwom,
   So sucht sie ein so großes Tier,
   Widi widi widwom.

2. Wenn die Jungfrau[n] Gäste haben,
   Widi etc.,
   So wird der Floh am Spieß gebraten,
   Widi etc.,
   Wenn sie aber mager sein,
   Widi etc.,
   So werden's gebraten in einer Rein,
   Widi etc.

3. Wenn der Floh für's Lichte springt,
   Widi etc.,

Sich ein heller Tag befindt,
Widi etc.,
Wann er aber nit springen mag,
Widi etc.,
So bedeut's morgen ein trüben Tag,
Widi etc.

4. Wer hat denn das Lied erdacht?
   Widi etc.
   Wer hat denn die Flöh aufgebracht?
   Widi etc.
   Sie kommen all von den Jungfrauen her,
   Widi etc.,
   Drum fällt ihnen auch das Kreuz so schwer,
   Widi etc.

(Graz ca. 1830. — Handschrift Nr. 840 des steiermärkischen Landesarchivs in Graz aus dem Besitze Anton Meixners, S. 139, Nr. 92. — Über den Floh im Volkslied und in der Literatur vgl. man C. Blümlein, Der Floh in der deutschen Literatur, Frankfurter-Zeitung, 1900, Nr. 233).

XXVII.
Der Nagelschmied.

1. I bin a Någlschmied,
   Tråg ållweil an Någl[1]) mit,
   Wird sich meiñ Dirndl gfreuñ,
   Weil 's gnågelt[2]) will seiñ.

2. Weil 's Reserl mi versteht,
   Wia wohl dås Någeln geht,
   Lern i ihr's ohne greiñ,[3])
   Weil 's gnågelt will seiñ.

---

[1]) Penis; [2]) coitiert; [3]) zanken.

3. Zieh nur deiñ Gwanderl[1]) å[b],
   Wir lernen 's glei ban Tå[g],
   Leg di in's Bett hineiñ,
   Wånnst gnågelt willst seiñ.

4. Tua nur glei d' Füaß ausanånd
   Und schau mi nit so groß åñ,
   Da Någl muaß mit 'n Kopf z'erst 'neiñ,
   Wånnst gnågelt willst seiñ.

5. Und weil 's 'n Reserl schmeckt,
   Sågt 's hålt zu mir gånz keck:
   Stell di do öfters eiñ,
   Weil i gnågelt will seiñ.

(Geschriebenes Liederbuch des Sebastian Eder bei der
Jägertruppe in Bregenz, Vorarlberg, 1898. — Ein anderes Nagel-
schmiedlied bei Blümml, Erotische Volkslieder [1907], S. 53,
Nr. XXV).

XXVIII.
Das schöne Land.

1. Ich weiß ein schönes Ländelein,
   Darinnen möcht ich König sein.
   O, du wunderschönes Land,
   Ist nicht breiter als die Hand.

2. Und das Ländelein liegt mitten in Sachsen,
   Ist rings herum mit Haar bewachsen.
   O, du wunderschönes etc.

---

[1]) Kleidung.

3. Und das Ländelein liegt mitten in dem Teich,
   Darin fischt sich mancher reich.
   O, du wunderschönes etc.

4. Und das Ländelein liegt mitten in dem Tal,
   Es hat einen schönen Wasserfall.
   O, du wunderschönes etc.

5. Und er hat einen roten Kopf
   Und er sauft doch keinen Wein,
   Ei, der Teufel, was mag das
   Für ein Landsmann sein?

6. Er hat einen großen Kopf
   Und frißt doch keine Kerner
   Und er stoßt wie ein Ochs
   Und hat doch keine Hörner.

7. Wer das Ländelein will,
   Der muß einen haben, wie ein Hammerstiel.
   O, du wunderschönes Land,
   Ist nicht breiter als die Hand.

(Aus Tirol 1846; nach einem geschriebenen Liederbuch
im Besitze F. F. Kohls. Vgl. J. Schwaab, Anthropophyteia, II.
[1905], 15 f.).

XXIX.

1. Sobåld die Fotz[1]) åm Berg 'naufsteigt,
   Då glaubt 's, sie ist verborgen,
   Då kommt der Schwånz[2]) von hinten drein
   Und wünscht ihr einen guten Morgen.

---

[1]) Vulva; [2]) penis.

2. Eine Fotz mit lången Låppen
   Ist im kålten Winter gut,
   Sie gibt dem Schwånz eine wårme Kåppen,
   Daß er nicht erfrieren tut.

3. Unser Dirn wird schlafrig,
   Kein Mensch kånn 's dawecken,
   Då kommt der Knecht und legt si drauf
   Und låßt ihr 'n drinnat stecken.

4. Und wie die Dirn drauf munter wird,
   Då glaubt 's, es ist a Trud:
   Ei, potztausend schlapparament,
   Wås steckt in meiner Fut?

5. Untern Tåg und übern Tåg,
   Då tàn die Bauern dreschen,
   Då håt si 's Mensch die Fotz verbrennt,
   Der Teufel kånn ihr 's löschen.

6. Untern Tåg und obern Tåg
   Tuan die Bauern pflånzen,
   Då steckt der Knecht der Dirn den Zipfel[1])
   in's Loch
   Und 'n Beutel[2]) låßt er tånzen.

7. Unser ålter Benedikt,
   Der ålte Paternoster,
   Båld scheißt er Bankozettel,[3])
   Gleich wieder an Binkel[4]) Pflåster.

---

[1]) Penis; [2]) scrutum; [3]) frühere Bezeichnung für Papiergeld; [4]) Bündel.

8. Unser Knecht hoaßt Zippelzåppel,
   Håt an Schwånz wie a Zappelzåppel
   Und sein Weib, die ålte Trud,
   Die håt an Fetzen Fut.

(Tirol 1846; nach einem geschriebenen Liederbuch im
Besitze F. F. Kohl's. — Zu Str. 1 vgl. Blümml, Anthropophyt.
II. [1905], 82, Nr. 92; 2 vgl. Blümml, Erot. Volkslieder [1907],
181, Nr. 148; 3 und 4 vgl. K. Reiskel, Anthropophyt. II. [1905],
120, Nr. 2, 3; 6 vgl. K. Reiskel, Anthrop. II. [1905], 120, Nr. 4).

XXX.
Der Binder.

1. Meiñ Håndwerk, dös is hålt a Binder,
   Dös binden, dös tuat mi hålt freuñ,
   Meiñ Håndwerk geht Sommer und Winter,
   Drum trågt's mir hålt hübsch eppas[1]) eiñ.

2. Z' morgens in åller Früh geh i's in's binden,
   Den Schlägel håñ i bei mir,
   Då nimm i meiñ Zång' und meiñ Winden
   Und Roafler[2]) a drei oder a vier.

3. Für 's Faßl då roat[3]) i's an Siebner,
   Dem 's zu viel ist und dö kimmt ma nimmer,
   Då bind i schöñ långsåm und stad,[4])
   Gråd, daß ma koañ Roafl vadraht.

4. Båld rinnt in 'n Keller a Eimer,
   Båld rinnt in der Kuchl[5]) a Gschier,
   Hoats[6]) glei: båld der Binda tat kemma!
   Hoats glei: is der Binda nit hier?

---

[1]) Etwas; [2]) Reifen; [3]) rechne; [4]) still; [5]) Küche; [6]) heißt es.

5. Und wia-r-i in d' Kuchl geh eini,
Hoats glei: geht der Binder då her!
Die Köchin sågt: z'erst bindst ma's meini,
Wårum kimmst nit ehnder[1]) auf d' Ster?[2])

6. Då tua i mein Schlägl zsåmmastimma,[3])
Bind's[4]) sakerisch her um an Siebna;
Der Dirn hån i's sechs Kreuzer groat,[5])
Weil 's ma auf d' letzt ållemål borgt.

7. Jetzt bind i der Kellnerin 's Faßl,
Dås ålleweil rinnt bein Spund,
Sie håt a so a kluañwinzigs Glasl,
Drum hån i's oft z'binden a Stund.

8. Wie 's d' Sennerin in Ståll håt vernumma,
Dås heut is a Binderbua då,
So zoagt 's ma: geh gråd a weng uma
Und bind mir meiñ Seichküberl[6]) å.

9. Aber oans, dös muaß i dir voneh[7]) sågn
Und heut muaßt ma sakerisch zuaschlågn,
Dös binden, dös zürnt mi ållemål,
Wenn der Schlägel håt går nia koan Håll.

10. Dorscht enten ist wohl a an Ålte,
Dö a gern bunden möcht seiñ
Und seiñ tuats 's hålt so viel a kålte,
Drum tuat mi dös binden nit freuñ.

---

[1]) Früher, eher; [2]) zur Arbeit; [3]) zusammenrichten; [4]) coitiere; [5]) gerechnet; [6]) Seihkübel; [7]) vorerst.

11. O Álte, i kánn di nit binden,
    Meiñ Schlägel, der hebt mir áñ z'schwinden,
    Der wáckelt mir álleweil beim Stiel;
    Den Teufel[1]) kánn binden, wer will.

(Tirol 1846; nach einem geschriebenen Liederbuch im Besitze F. F. Kohl's. — Ein Ausläufer des dem schwäbischen Minnesänger Gottfried von Neifen zugeschriebenen Liedes: „ez fuor ein büttenaere", über dessen Verbreitung man John Meier, Kunstlieder im Volksmunde [1906], S. 15, Nr. 97, vergleiche, wozu noch eine Fassung aus Ober-Österreich kommt, die A. Pöschl, Zeitschrift des Vereins für Volkskunde. XV. [1905], 172 mitteilte. Hermann Fischer, Schwäbisches Wörterbuch. I. [1904], 1568 s. v. Büttner, wies darauf hin, daß das Lied nicht von Gottfried von Neifen sein könne, denn Büttner ist eine fränkische und ostmitteldeutsche, aber keine schwäbische Form. Vgl. auch noch W. Uhl, Unechtes bei Neifen. [1888]. S. 215 ff.)

XXXI.
Tabakkrämerlied.

1. Beim Tobakkrámer kummen d' Leut zsámma,
   Die gern rauchen und gern schnupfa tuan;
   Echte Kestelreiber, álte Kuchelweiber,
   Denen ist dás schnupfen ángeburn.
   Sie, dá bringen 's Dosen, ah, dá müßen
                                    's losen,
   Máncher hát kan Boden nimmer drin;
   Letzthin kummt ani verwichen, hát 's gár
                           mit Páp[2]) verstrichen,
   Es wár gewiß an álte Schusterin.

2. Drauf is ani kumma, hát 's an schwárzen
                                    gnumma,
   Ságt: „meiñ Dosen[3]) is no pfenninggut,

---

[1]) Gemeint ist die Alte; [2]) Kleister; [3]) gemeint ist: vulva.

Denn es håt mir 's beim Leben no meiñ
Mutter geben,
Weil 's håt gwußt wie gut åls 's schnupfen[1])
tut.
Tu mir 's nåch meinen Willen nur gut ån-
füllen,
Denn mich lust[2]) schon um an Pris Toback,
Ich kånn nicht ruhn noch råsten, weil ich
håb müssen fåsten
Auf mein Monatgeld[3]) vier gånze Tag."

3. Drauf kummt wieder eine, sågt: „i håb a
kleine
Mårokkanerdosen, kennst es längst!
Tu mir 's um Gotteswillen nur gut ånfüllen,
Åber gib Obåcht, daß d' mir 's nicht zer-
sprengst.
Denn verstehst, mein Guter, i håb 's von
meiner Mutter
Zun an Åndenken mit an Stein."
Ah, dås wår zum låchen, der will 's recht
gut måchen,
Geht die gånze Dosen aus 'n Leim.

4. Der Tobackkråmer bricht die Dosen zsåmma,
Wie er will den Schwårzen einituan.
Ah, dås aufbegehren hätten 's solln hören
Von dem Weib, die kriegt an Eselszurn.[4])
Sågt: „du Båtzenlippel, dummer Saudippel,
Wår meiñ Dosen no so pfenningguat,

---

[1]) Coire; [2]) gelüstet es; [3]) Auf die Menstruation ange-
spielt; [4]) wurde sehr zornig.

Als Tobackkråmer sollst di do schåma,
Daß d' nit woaßt, wie ma'n eini tuat."

5. Die Schlackraunerstepherl und die Zwesch-
kensepherl
Hätten ihre Dosen a gern åñgfüllt
Und dås klane Mandl bei dem Kråmerstandl
Sågt: „heut kemmt 's ma recht, ich bin gråd
wild!
I mit såmt der Hosen schlief in enker Dosen,
Wie die enkern sand,[1] wern no nicht voll,
Denn für enk, dås kenn i, ist meiñ Huat
z'weni,
Påkt 's enk aussi und måcht s mi nit toll."

6. Drauf kummt wieder ani, es wår die Riemer-
nani,
Der Tobackkråmer håt 's gleich kennt.
Sie måcht a Lamentabel, sågt: „mir geht 's
miserabel,
Mir håben 's heut meiñ Dosen går ver-
brennt;
I håb heut auf der Gåssen an schnupfa låssen,
Der håt mir an Feuerschwåmma einitåñ
Und drauf fångt meiñ Dosen hellauf åñ zum
glosen,[2]
Daß ich 's går nicht mehr brauchen kåñ."

7. Darum soll kein Madl, gråd im Wienerstadtl,
Kein mehr schnupfa låssen, den 's nit kennt,

---

[1] Sind; [2] glimmen.

Denn fångt a so a Dosen amål åñ zum
glosen,
Ist kein Rettung mehr, ist 's gleich verbrennt.
Nåcha muß man schon beizeiten dås schnup-
fen meiden,
Stellt enk Madeln vor dås Malheur,
Lieber a Jåhr nichts essen, åls auf dås ver-
gessen,
Denn über 's schnupfen, såg i, is nichts mehr.

(Liederheft des Corporal Csank aus dem Jahre 1889 im
Besitze F. F. Kohl's. — Die Dose ist das Bild für die Vulva,
das Schnupfen bedeutet coire. — Vgl. das Lied aus dem Böhmer-
wald, oben Nr. XLVII.)

XXXII.
Ergötzungslied.

1. Euch Freunde zu ergötzen,
   Sing ich ein Lied vom Mä—, Mä—,
   Mädchen, die ich hatte.
   Ich war bald Freund, bald Gatte,
   Sogar Papa und Pate.

2. Die schelmische Lisette
   Erwischt ich einst im Be—, 'Be—,
   Besten Kartenschlagen.
   Anstatt mich zu verjagen,
   Mußt ich sie dreimal plagen.

3. Lisette war geschwätzig,
   Doch leider auch so krä—, krä—,
   Kräftig in den Armen,
   Es ist doch zum Erbarmen,
   Ich kann sie nicht umarmen.

71

4. Amalia, die Lose,
   Die greift mir in die Ho—, Ho—,
   Hohle Hand und lachte;
   Sie kitzelte mich und fragte,
   Ob's mir Vergnügen machte.

5. Allein es kam ihr Bruder
   Und sprach: das ist ein Lu—, Lu—,
   Lustspiel ohne Ende,
   Wenn Amor euch so fände,
   Er klopft euch auf die Hände.

6. Theresia zum Trotze
   Spielt ich an Julchens Vo—, Vo—,
   Vollen roten Wangen,
   Ich bliebe nach Verlangen
   Den ganzen Tag dran hangen.

7. Sie schämte sich ein wenig,
   Weil sie den roten Kö—, Kö—,
   Kegelbuben herzte,
   Allwo ich neulich scherzte
   Und sie am meisten schmerzte.

8. Die schelmische Konstanze
   Tut oft mit meinem Schwa—, Schwa—,
   Schwarzen Barte spielen,
   Sie hatte solche Grillen,
   Um ihre Lust zu stillen.

9. Nach allen saubern Mustern,
   Wollt ich's Nanette schu—, schu—,
   Schuhe machen lassen,

Sie ließ sich ganz gelassen.
Beim rechten Beine fassen.

10. Wollt ihr's nach allen Regeln
Die schönen Mädchen vö—, vö—,
Völlig überraschen,
So öffnet eure Taschen,
Sie werden sicher naschen.

11. Ich fürchte jetzt den Pranger,
Katharina ist von mir schwa—, schwa—,
Schwarz und blau geschlagen.
Was wird ihr Vater sagen?
Sie klagt sich in dem Magen.

(Liederheft des Corporal Csank aus dem Jahre 1889 im
Besitze F. F. Kohl's. — Ein Vexierlied, wozu man oben die Be-
merkung zu Nr. XXI vergleiche. — Einzelne Strophen sind
belegbar, so Str. 4, Blümml, Anthrop. II., 111, Nr. 49, Str. 8 ;
8, Blümml, Anthrop. II., 111, Nr. 49, Str. 2).

XXXIII.

1. I bin hålt in Kuahtuttnmichl seiñ Bua,
Essn und trinkn, dös tua i mir nia gnua.
Mir tuat's in Mågn gråbn,
Heint möcht i Knödl håbn
Und wenn meiñ Våter e!faläutn[1]) tuat,
O, sell[2]) is guat.

2. Zu Mittåg, då iß i von drei Maßl Meahl åft
in Blent,[3])
A drei, vier Pfund Kas derzua,
Nor[4]) scheint mer, i håñ völli gnua
Und wenn's a so kaselen[5]) tuat,
O, sell tuat guat.

_____

   [1]) Zu Mittag läuten ; [2]) das ; [3]) Knödel aus Buchweizen-
mehl ; [4]) nachher ; [5]) nach Käse aufstoßen, riechen.

3. Nåmittåg, då geah i's mit da Viechdirn in's
                                        Moos[1])
Und wenn mar so beinånd sein, werd's
                                        kurios.
Åft legn mar uns in's Grås hineiñ,
Ah, då is's går so feiñ
Und wenn dö Viechdirn so fårzn[2]) tuat,
O, sell tuat guat.

4. Dö Bauernmadler, dö sein mer hålt ålleweil
                                        zu keck,
Dö håbn die Wadler[3]) meistens voll Dreck.
Dö Stådtmadler sein går so fein,
Dö håbn dö Wadeler rein
Und wenn mañ hålt weiter auduschaugn[4])
                                        tuat,
O, sell tuat guat.

(Eisaktal in Tirol).

XXXIV.

1. Wenn i bei zwoa Dirndlan lag,
Bei-n-ar schiachn und bei-n-ar schian,
Då miad[5]) i d' schiache ausbeilegn[6])
Und die schiañ inn,
Damit, wenn oana kamb,
As mr oana wegnamb,
War die schiache dahin
Und die schiane herin.

2. Menscher hån i's ållsånt gern,
Åll sand's ma liab,

---
[1]) Moor; [2]) pedere; [3]) Waden; [4]) hinaufsehen; [5]) müßte;
[6]) am Rand legen.

74

Diasn¹) hån i's a no gern,
Dia's i nit kriag.
Mit die schöñ tua i tånzn,
Bei die liabn tua i liegn,
Den schiachn tua i's ghoaßn,²)
Sand's ållsånt wohl z'friedn.

(Kössen, Brixental in Tirol).

XXXV.

F. F. Kohl, Echte Volksgesänge aus Tirol. 2. Nachlese (1903), S. 29, Nr. 18, unterdrückte folgende, zwischen Strophe 5 und 6 einzuschiebende Strophe des „Fuhrmannsliedes":

Wånn i lieg bei da Kellnerin im Bett,
Då denk i ån's schlåffn wohl net;
A bißl Gspoaß treibn,
Tat ma boade³) lei(d)n,
Tat ma's unta da Hüll;⁴)
Wånn's uns tat'n frågn,
Tat ma's decht⁵) nit sågn,
Mir tatn's vo Still,⁶)
Glei, daß uns da Wiascht nit dawischt,
Lieg i wieder auf mein Stroh as wia sist.

XXXVI.

1. Es wår einmål im Pfårrershaus a wunderschönes

---

¹) Diejenigen; ²) versprechen; ³) beide; ⁴) Decke; ⁵) dennoch; ⁶) in der Stille, im geheimen.

Kind, sie wår so und reizend wie schöne Mädchen
hübsch schön,

sind. Der Pfårrer bei seiner Ehr: häng du dein auf
schwur Rock

meinen her, wo so viele Nägel sind und du den net
Rock

findst. Vidi - ral-la - la, vi - di - ral-la-la, vi - di-

ral-la-la, vi - di - ral-la-la, jå, wo so vie - le

Nä-gel sind und du den Rock net findst.

1. Es wår einmål im Pfårrershaus
   Ein wunderschönes Kind,
   Sie wår so hübsch und reizend schön,
   Wie schöne Mädchen sind.
   Der Pfårrer schwur bei seiner Ehr':
   Häng du dein Rock auf meinen her,
   Wo so viele Nägel sind
   Und du den Rock net findst.
   Vidirallala etc.
   Jå, wo so viele Nägel sind
   Und du den Rock net findst.

2. Der Pfårrer sitzt in seinem Haus
   Bei einem fetten Schmaus,
   Die leeren Gläser stürzt er um,
   Die vollen sauft er aus.
   Då klopft's so leise ån der Tür:
   Herr Pfårrer, måch auf, ich will zu dir,
   Herr Pfårrer, måch auf und lauf geschwind,
   Die Köchin kriegt a Kind.
   Vidirallala etc.
   Herr Pfårrer, måch auf und lauf geschwind,
   Die Köchin kriegt a Kind.

3. Wie kånn denn dieses möglich sein?
   Sprach er mit einem Wort.
   Geht dånn gleich zur Köchin 'nein
   Und gibt ihr die schönsten Wort'. —
   Mit dein verfluachtn Wimperlping
   Håst du mir ein solchen Streich verkündt,
   Meiñ Lebtåg' häng i's nimmermehr
   Mein' Rock auf deinen her!
   Vidirallala etc.
   Jå, meiñ Lebtåg häng i's nimmermehr
   Mein' Rock auf deinen her.

(Eisaktal in Tirol).

XXXVII.

Es wår einmål ein Bauernsohn, Bauernsohn,

ja, ja, ja, der wår so jung und wollte schon,

hm da - ra - da - ta.

1. Es wår einmål ein Bauernsohn, Bauernsohn,
   Ja, ja, ja,
   Der wår so jung und wollte schon,
   Hmdaradata.

2. Då geht er hålt zur Nåchbars Dirn,
   Ja, ja, ja,
   Und då wollt er sein Glück probiern,
   Hmdaradata.

3. Dö Dirn, dö låßt an leisen Fist,[1]
   Ja, ja, ja,
   Der Buá, der mant a Seufzer is's,
   Hmdaradata.

4. Dö Dirn låßt an, daß ålles kråcht,
   Ja, ja, ja,
   Und der Bua, der glaubt, sie sågt: guate

                              Nåcht,
   Hmdaradata.

(St. Margarethen am Moos, Gb. Bruck a. d. Leitha, N.-Ö.
— Vgl. das Lied vom „Hans und der Grete", Blümml Anthro-
pophyteia. III. [1906], 181, Nr. 68 ; 201, Nr. 95, dessen Stoff
schon ein uralter ist, s. Jakob Frey, Gartengesellschaft [1556],
ed. Joh. Bolte [1896], S. 104, Nr. 89 und S. 251, Nr. 89. — Ph.
Wegener, Volkstümliche Lieder aus Norddeutschland. II. [1879], 201.)

XXXVIII.

Da   Schuasta, da   Schuasta, so   påp-pi åls er

---

[1] Ventus tacitus.

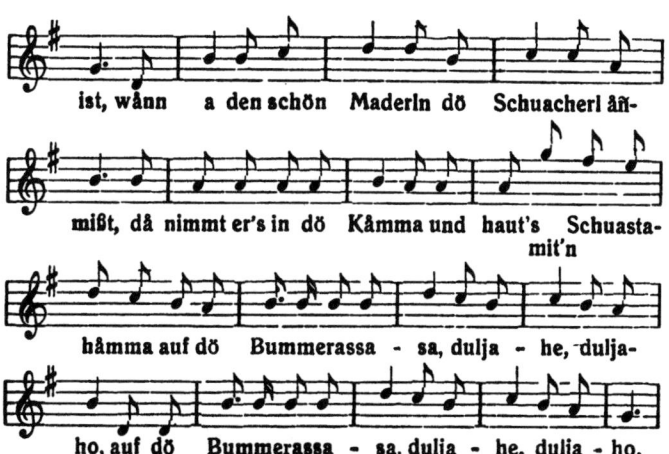

ist, wånn a den schön Maderln dö Schuacherl ån-

mißt, då nimmt er's in dö Kåmma und haut's Schuasta-
mit'n

håmma auf dö Bummerassa - sa, dulja - he, dulja-

ho, auf dö Bummerassa - sa, dulja - he, dulja - ho.

1. Da Schuasta, da Schuasta,
So påppi[1]) åls er ist,
Wånn a den schön Maderln
Dö Schuacherl åñmißt,
Då nimmt er's in dö Kåmma
Und haut's mit'n Schuastahåmma
Auf dö Bummerassasa[2]) etc.

2. Da Schwimma, da Schwimma,
Der schwimmet auf dem Bauch,
Er rudert mit den Händen
Und mit den Füßen auch.
Plötzlich kommt er in an Strudel,
Då steht ihm gleich sein Nudel[3])
In dem Bummerassasa etc.

3. Die Nonne, die Nonne,
So heilig åls sie is,

---

[1]) So mit Kleister beschmiert; [2]) vulva; [3]) penis,

Wenn sie amål a Monat
Im Kammerl drin is
Und dåsteht volla Schmerzen,
So steckt's a Millikerzen
In ihre Bummerassasa etc.

4. Da Pfårra, da Pfårra,
So heilig åls er ist,
Wånn er den schön Maderln
Die Beichte verliest,
Då denkt sich dieser Bengel:
O, hätt ich nur mein Schwengel[1])
In dera Bummerassasa etc.

5. Der Maler, der Maler,
Der Maler, der ist stolz,
Er målt die nåcketen Weiber
Auf Leinwånd und auf Holz.
Plötzlich kommt er in die Mitten,
Då bleibt sein Pimpstel[2]) picken
In der Bummerassasa etc.

6. Da Schneider, da Schneider,
So måger åls er ist,
Wånn er den schön Maderln
Dö Schnürrleiberl åñmißt,
Då nimmt er's um dö Mitten
Und sågt, er hätt an dicken
Für dö Bummerassasa etc.

7. Da Bauer, da Bauer,
So blitzdumm åls er ist,

¹) penis ; ²) Pinsel, penis

Wånn er mit da Stålldirn
Auflådt 'n Mist,
Då nimmt a glei dö Gåbel[1])
Und haut ihr's untern Nåbel
In dö Bummerassasa etc.

8. Da Maurer, da Maurer,
So kålkig åls er is,
Da Maurer, da Maurer,
So kålkig åls er is,
Der sågt zu seiner Åltn:[2])
Geh, låß ma no an kåltn
In dö Bummerassasa etc.

9. Da Bäurin ihr Tochta,
Die kriagt a neues Klcid,
Darüber håt sie und ihr Muatta
A riesige Freud.
Doch kånn ma hålt net wissn,
Ob sie's nit håt verdiena müssn
Mit der Bummerassasa etc.

(St. Margarethen am Moos, Gb. Bruck a. d. Leitha, N.-Ö.)

B.

Eine Variante aus Meinetschlag, Gb. Kaplitz im
Böhmerwald lautet:

1. Da Schuasta, so pechi åls er is,
Wun er an jung Maderl die Schuachalan
åñmißt,
Då nimmt er's i d' Kåmma
Und haut mi(t)'n Schuastahåmma
Auf die Pummerasasa, Vitrasasa.[3])

---

[1]) Penis; [2]) Frau; [3]) vulva.

2. Da Schneider, so quasi¹) åls er is,
   Wun er an jung Maderl a Schnürrleiwl åñ-
                                        mißt,
   Kommt er auf die Brüste,
   Kommen ihm die Lüste
   Auf die Pumerasasa, Vitrasasa.

3. Da Pfårra, so heili åls er is,
   Wun er an jung Maderl die Beichtformel
                                      vorliest,
   Kommt er zum Heberdäus,
   Då steckt er sein Zeberdäus²)
   In die Pumerasasa, Vitrasasa.

XXXIX.

's Katechismuslernen.

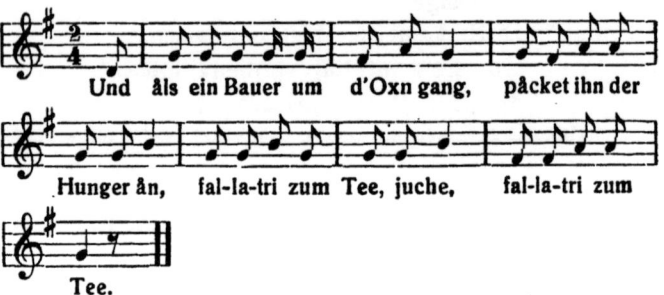

Und åls ein Bauer um d'Oxn gang, påcket ihn der
Hunger ån, fal-la-tri zum Tee, juche, fal-la-tri zum
Tee.

1. Und åls ein Bauer um d'Oxn gang,³)
   Påcket ihn da Hunger ån.

2. Da Bauer: Wås kriagn ma heunt?
   Äpfel und Birn und Graupen drein.

---

¹) eigenartig; ²) penis; ³) Ochsen ging.

3. Åls da Bauer saß und fraß,
   Rumpelt wås in der Kåmma drobn.

4. Da Bauer sprach: Wås is den dås?
   Drobn in da Kåmma rumpelt wås.

5. Die Magd, die sprach: Dås tuat da Wind,
   Der ålle Nåcht in dö Kåmma kimmt.

6. Da Bauer sprach: Dås muaß i segn,
   Wås's in da Kåmma neu's tuat gebn.

7. Und åls da Bauer in dö Kåmma kam,
   Stand da Pfåff und schaut ihn ån.

8. Da Bauer sprach: Wås tust du hier?
   Glei Marsch hinaus gēh bei da Tür!

9. I håb dein Weib a Bild verehrt
   Und ihr'n Katechismus glehrt.

10. Håst mein Weib a Bild verehrt
    Und ihr'n Katechismus glehrt,

11. So kommst bei Tåg und nicht bei da Nåcht,
    Sågt da Bauer und håt glåcht.

12. Da Bauer nahm'n Rechaspitz
    Und schlug 'n Pfåffn, bis er schieß.

(Donnersbachwald, Gb. Irdning, Nordsteiermark. — Ein
sehr altes und weitverbreitetes Lied, vgl. Erk-Böhme, Deutscher
Liederhort. I. [1893] 484 ff. Nr. 149).

XL.

Ich   bin ein junges Weibchen und   hab' ein' al-ten

Mann, schön zart bin ich vom Leibchen, sieht mir wohl
das man
an; schnee-weiß sind meine Brüste, der Mund ist ro-sen-
rot, ach, wenn's doch einer wüßte, ich lit - te kei-ne
Not.

1. Ich bin ein junges Weibchen
   Und hab ein' alten Mann,
   Schön zart bin ich vom Leibchen,
   Das sieht man mir wohl an.
   Schneeweiß sind meine Brüste,
   Der Mund ist rosenrot,
   Ach, wenn's doch einer wüßte,
   Ich litte keine Not.

2. Was hilft mir's karasieren,
   Wenn ich nicht stempeln[1]) kann,
   Muß Zeit und Weil verlieren
   Mit meinem alten Mann.
   Ich koch ihm Chocolade
   Und Seleriesalat,
   Doch bleibt bei Limonade
   Mein alter Mann stets matt.

---

[1]) coire.

3. Was hilft's, wenn ich lang spiele
   Mit seinem Schneckenhaus,[1]
   Der Schneck hat kein Gefühle,
   Er will ja nicht heraus.
   Am kitzeln und am spielen
   Hat er noch eine Lust,
   Vom Ehgesetz erfüllen,
   Ist ihm nichts mehr bewußt.

4. Oftmals hat er's im Willen
   Und zeigt sich wie ein Held,
   Kommt's aber zum erfüllen,
   So ist er schlecht bestellt.
   Darüber wird er böse
   Und zeiget den Verdruß
   Und gibt mir leere Stöße,
   Die ich beweinen muß.

5. Wenn er hat schon getrunken
   Den allerbesten Wein,
   Hat er kein Liebesfunken
   In Adern, Mark und Bein.
   Die Beinkraft und die Stärke
   Versagen meinem Mann;
   Ach, Venus, liebe, werte,
   Sag mir, was fang ich an?

6. Nun muß ich halt verderben
   Bei meinem alten Mann,
   Wenn er nicht bald wird sterben,
   Fang ich was andres an.

---

[1] penis.

Doch Hörner muß er tragen
Zu seinem Spott und Hohn,
Wer's mit mir will wagen,
Ich zahl ihm's Macherlohn.

(Aus einem in den siebziger Jahren des 19. Jahrhunderts
geschriebenen, mit Melodien versehenen Liederbuch des Anton
Fux [† 1888] aus Wullachen bei Malsching, Ob. Hohenfurt im
Böhmerwald. — Eine bemerkenswerte Variante zu Blümml,
Erotische Volkslieder aus Deutschösterreich. [1907] S. 14, Nr. II.
mit weiterer Literatur, dazu noch Hruschka-Toischer, Deutsche
Volkslieder aus Böhmen. [1891] S. 222 Nr. 217; A. Treichel,
Volkslieder und Volksreime aus Westpreußen [1895], Nr. 82;
oben Nr. V).

XLI.

Wenn ich morgens früh aufsteh, zinkerlingging-ging,
Und ins fång-kehren geh, zinkerlingging-ging,
Rauch-

Då beseh ich ållzuerst, tra-la-la-la - la-la-lo,

ob mein Be-sen rich-tig kehrt, ha-ha - ho.

1. Wenn ich morgens früh aufsteh
   Und in's Rauchfångkehren geh,
   Då beseh ich ållzuerst,
   Ob mein Besen richtig kehrt.

2. Håb ich dås für gut befunden,
   Wird dås Mundtuch umgebunden
   Und dås Eisen auferlegt,
   Dånn wird der Kamin gefegt.

3. Auf der Stråße kreuz und quer
   Zieh ich den Besen hin und her
   Und seh ich wo einen schwårzen Fleck,
   Der wird sogleich hinweggefegt.

4. Auf dem Berg, då steht a Bua,
   Der schaut dem Schornsteinfeger zua,
   Aus dem Buam wird a-r-a Månn,
   Der den Schornstein fegen kånn.

5. Einst kam ich für ein hohes Haus,
   Då schaut a schwårzbrauns Mädel 'raus;
   Ich frågte sie von ungefähr,
   Ob sie nicht zum fegen wär.

6. Einmål fegt ich eine Ålte,
   Ei, die håt a går so kålte,
   Auf dås ålte, dörre Ding,
   Auf dås wird mein Schornstein hin.

7. Jetzt wolln wir dås Lied beschließen,
   Der Ålten dås Loch mit Blei vergießen,
   Daß die Ålte nimmermehr
   Rutschi, pfutschi, hin und her.

(Meinetschlag, Ob. Kaplitz im Böhmerwald. — Eine
Variante zu Blümml, Erotische Volkslieder aus Deutschösterreich.
[1907] S. 56, Nr. XXVII. — Ueber dieses Lied und seine Varianten
vgl. man auch John Meier, Kunstlieder im Volksmunde. [1906]
S. 60, Nr. 372; P. Rahn, Mit Gunst! Wegweiser durch das Ge-
sellenleben des Schornsteinfegers. [1907] S. 54).

XLII.
Rauchfangkehrerlied.

Wenn ich in da Fruh aufsteh   und ins   fång - kühren geh,
                                                Rauch-

sul-la-li und   sul-la-lo   und ins   fang-küh-ren geh.
Rauch-

1. Wenn ich in da Fruh aufsteh
   Und in's Rauchfångkühren geh.

2. Rauchfångkührn, dås is meiñ Freud,
   Rauchfang' kühr i weit und breit.

3. Geh ich für ein hohes Haus,
   Schaut a schwårzbrauns Maderl 'raus.

4. „Maderl, bleib ein wenig stehn,
   Daß i kånn um d' Schlüsseln gehn,

5. Um dås nächste Zimmer z'sperrn
   Und a bißl Rauchfång kehrn."

6. Aus dem Mensch wird a-r-a Wei,
   Aus dem Grås wird a-r-a Heu.

7. Aus dem Buam wird a-r-a Måñ,
   Weil er 's Rauchfångkühren kåñ.

(Vorderhammer, Gb. Oberplan im Böhmerwald. — Dieser
Text ist im ganzen unteren Böhmerwald verbreitet).

XLIII.

Einst   ging ich am   U - fer der   Do-nau ent-

lang, ein schlafendes Mädchen am U-fer ich fand, ein

schlafendes Mädchen am U-fer ich fand.

1. Einst ging ich am Ufer der Donau entlang,
   Ein schlafendes Mädchen am Ufer ich fand.

2. Ich wollte belauschen ihr lieblichs Gesicht,
   Ich wollte sie küssen, sie rührte sich nicht.

3. Und als sie vom Schlummer, dem süßen er-
   wacht,
   Da war schon das Opfer der Liebe vollbracht.

4. Und du bist mein Weiberl und ich bin
   dein Mann,
   So wollen wir leben recht glücklich beisamm.

(Vorderhammer, Gb. Oberplan im Böhmerwald. — Eine
Variante zu Blümml, Erotische Volkslieder aus Deutschösterreich,
[1907] S. 93, Nr. L. Ueber die Verbreitung der zahmeren Fassung
vgl. man John Meier, Kunstlieder im Volksmunde. [1906] S. 63,
Nr. 898).

XLIV.

Der Kuhdreck.

1. Frischa, wårma Kuah'dreck
   Is Winter und Summa guat,
   Im Winta für an Brustfleck,
   Im Summa für an Huat.

2. Besser åls unser Köchin
   Kocht unser schwårze Kuah,
   Sie schmelzt[1]) uns die Pasteten
   Und den Spinåt dazua.

3. Wånn da Baua 's Zwicka håt,
   So tuat's da Kuahdreck a,
   Er tuat eahma in an Fetzn
   Und bindt eahma wårm åm Bau.[2])

4. Hiaz bin i von den Kuahdreck
   So heisari[3]) und gånz müad,
   I scheiß enk auf den Kuahdreck
   Und auf· dås gånze Liad.

(Aus einem um 1900 geschriebenen Liederhefte der Albina
Mugrauer, Wirtstochter in Unterwuldau, Ob. Oberplan im
Böhmerwald. — Zu Str. 1 vgl. Blümml, Erotische Volkslieder
aus Deutschösterreich [1907] S. 107, Nr. 18).

XLV.

Die Gärt-ne-rei ist jå für-wåhr a recht a schöne

Såch, weil i da då dås gånze mit Gårten- wås
Jåhr gschirren

måch; im Frühjåhr i d'Blumen im Herbst ichs
setz aus, gib in's

---

¹) schmelzen = cacare; ²) Bauch; ³) heiserig.

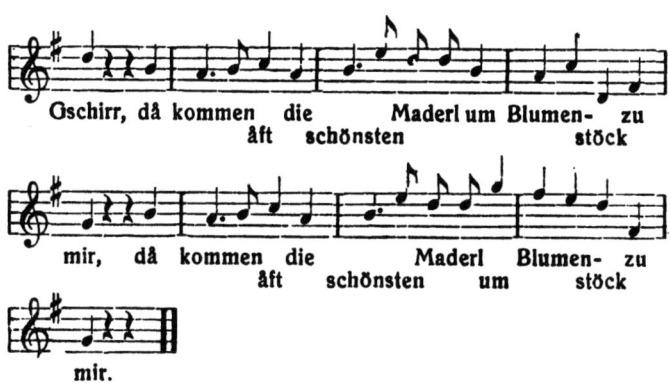

Gschirr, då kommen die Maderl um Blumen- zu
åft schönsten stöck

mir, då kommen die Maderl Blumen- zu
åft schönsten um stöck

mir.

1. Die Gärtnerei ist jå fürwåhr
   A recht a schöne Såch,
   Weïl i da[1]) då dås gånze Jåhr
   Mit Gårtengschirren wås måch;
   Im Frühjåhr setz i 'd' Blumen aus,
   Im Herbst gib ich 's in's Gschirr,
   Då kommen åft[2]) die schönsten Maderl
   Um Blumenstöck zu mir.

2. Znächst kommt a bildschöns Madl zu mir,
   I steh gråd vor der Tür,
   Då frågt sie gleich: Mein lieber Herr,
   Loschiert net der Gårtner hier? —
   I såg, daß i da Gårtner bin
   Und fråg, wås gfällig wär. —
   An Naglstock[3]) möcht i, sågt sie,
   Drum kumm i zu ihna her.

3. Då denk i, dås wird prächti seiñ,
   Heut kunnt 's es amål tañ,[4])

91

I führ sie gleich in's Treibhaus 'ne:ñ,
Då wårn ma gånz allañ.
I zag ihr meinen Naglstock,[1])
Druck fest in d' Hånd ihr 'n 'neiñ,
Då håt 's gleich d' Augn aufgmåcht wie
Bock:
No, der wird schoñ recht seiñ!

4. I såg, i håb kañ Gårtengschirr,[2])
Sonst setzet ihr 'n gleich eiñ.
Då sågt sie gånz vertraut zu mir:
So nehmen 's nur dås meiñ.
Dås Gschirr håt mir meiñ Mutta gschenkt,
Es is hålt immer leer,
Då håb i mir schoñ öfters denkt,
Wånn a Naglstock drinn wär.

5. I fång hålt gleich meiñ Årbeit åñ,
Es wollt 's hålt går net tañ,
Då såg i: mir san übel dråñ,
Dås Gårtengschirr is z' klañ.
Då sågt sie kuraschiert zu mir:
O, låssen 's nur net aus,
I tråg amål meiñ Gårtengschirr
Ohne Naglstock net z' Haus.

6. Mit vieler Müh håb ich jetzt nun
Mein Naglstock 'neiñbråcht,
I håb mi plågt wie a Hund,
Sie håt dazu nur glåcht.
I håb ma-r-a Stückl Haut åbgwetzt,
Sie håt mit mir no ghaust[3]);

---

[1]) penis; [2]) vulva; [3]) geschimpft.

Sie håbɴ den Stock net gut eiñgsetzt,
Sein no zwa Wurzen[1]) draußt.

(Ans einem in den siebziger Jahren des 19. Jahrhunderts
geschriebenen, mit Melodien versehenen Liederbuch des Anton
Fux [† 1888) aus Wullachen bei Malsching, Ob. Hohenfurt im
Böhmerwald. — Eine Variante zu Blümml, Erotische Volkslieder
aus Deutsch-Oesterreich. [1907] S. 70, Nr. XXXVIII).

XLVI.

'S nackst mir   Våder añmål an   Håcka-stiel gspen-
hât   meiñ

diacht, å-wa   er   Olb af   den   Åcht,   is jå glei ru-
sågt: guat er

niacht!   Mån:che hätt'n   går so gern, so månche gute

Haut, i   hån añ   nauñ nia her-   jå, weil a ma nit
huld   gebn,

traut, i   hån añ   nauñ nia her- jå, weil a ma nit
huld   gebn,

traut.

---

[1]) testiculae.

1. 'S nakst håt mir meiñ Våder añmål
   An Håckastiel gspendiacht[1]),
   Åwa er sågt: Gib af den guat Acht,
   Er is jå glei runiacht![2])
   Månche hätt'n går so gern,
   So månche gute Haut,
   I hån añ huld[3]) nauñ[4]) nia hergebn,
   Jå, weil a ma nit traut.

2. Bei meiner ersten Dienstfrau
   Hörn's, då is's a rechte Peiñ,
   Sie sågt jå: Ihna Håckastiel
   Paßt in a jede eiñ.
   Sie håt ma glei ihr Håcka[5]) zoigt,[6])
   U jeh, då håb i gschaut
   Zwegn mein' sauwern Håckastiel,
   Jå, weil a ma nit traut.

3. I geh hiazt her aus'n Lånd,
   Meiñ Stiel, der håt koañ Ruah,
   Hiazt påck i gschwind meiñ Gwanderl zsåmm
   Und geh der Stådt glei zua.
   Wia-r-i huld i d' Stådt 'neiñ kumm,
   U jeh, då håb i gschaut,
   Åwa då gibt's viele junge Herrn,
   A jeder håt si traut.

4. Hiazt geh i glei in's Gåsthaus zua,
   Låß mir a Zimmerl gebn,

---

¹) spendiert; ²) ruiniert; ³) halt; ⁴) noch; ⁵) vulva; ⁶) zeigt.

S Stubnmadl håt gråd Wåssa ghult,
Sie håt mir a Busserl gebn.
Hiazt håb i huld mein Håckastiel
Im Bett drinnat vahaut,
Jå, wenn's huld nit glei gånga wär,
Då hätt i ma schoñ traut.

(Humwald, Ob. Wallern im Böhmerwald. — Variante zu
Blümml, Erotische Volkslieder aus Deutschösterreich. [1907] S. 84,
Nr. XLVII.).

XLVII.
D'Dosn.

1. Meiñ Alte trågt wås um in Såck,
Wås glaubt's, wås kånn dås seiñ?
A Dosn is's mit Schnopftuwåck,
Då glång i öfters 'neiñ.
Sie håt's schoñ trågn långe Zeit,
Doch wår's zum öffnen z'schwer,
Awa hiazt, wenn i draus schnopfa will,
So plåg i mi nit mehr.

2. Dö Dosn wår vor ålters Zeit,
Seit Adams Zeit schoñ då,
Wia da-r-Adam nahm d' erste Pris
Von echtn Kornadon.[1]
Die Éva, die Verführerin
Schreit: Männerl, då schau her!
Dö håt gewiß a Dosn ghåbt
Von echten, fein Rapu.[1]

') Schnupftabaksorten.

3. Da Josef von Ägypten wår
   Añ sonderbåra Wicht,
   Wia-r-er der Martha Putiphar
   Ihr Tåbaksdosn siecht,
   Då reißt er sich aus und rennt davoñ
   Und schreit so schmerzlich: låß.
   Dem wår gewiß wås ånders z'schwer,
   Dö Dosn wår ihm z'groß.

4. Viele Männer, die gern schnopfa toant,
   Selbst keine eignen Dosn håbn,
   Sie schnopfn då und schnopfn dort,
   Wenn's wås zum schnopfa kriagn.
   Sie schnopfn då und schnopfn dort,
   Daß d' Tåwaksblätta herumfliagn,
   Då war's jå dånn koañ Wunda nit,
   Wenn's wegi[1]) Nåsn kriagn.

(Unterwuldau, Ob. Oberplan im Böhmerwald. — Ueber
die vulva als Dose vgl. oben Nr. XXXI.)

XLVIII.

1. Meiñ Lenerl håt a Kåtz,[2])
   Dös is meiñ Lebn,
   Awa der Teufelsfråtz
   Will ma's nit gebn.
   Jå, jå, will ma's nit gebn bei da Nåcht,
   Jå, jå, bei da Nåcht.

2. Meiñ liawi Leni
   Und schlåg ma's nit å,

---

[1]) wehe; [2]) vulva.

Leich ma deiñ Katzerl
Und i richt ma's å.
Jå, jå und i richt etc.

3. Meiñ Katzerl kriagst du nit
   Bei meiner Treu,
   Geh zu der Nåchbau(r)nkåtz,
   Dö leicht da's glei.
   Jå, jå, dö leicht etc.

4. Die Nåchbau(r)nkåtz måg i nit,
   Dö is fuchsroit,
   Wenn i's dawischat,
   Schlågat i's toit.
   Jå, jå, schlågat etc.

5. 'S Lenerl hebt's Kiderl auf:
   „Hiasl schau her!"
   'S Katzerl reißt's Keuscherl[1]) auf,
   'S Schnauzerl zoagt's her.
   Jå, jå, 's Schnauzerl etc.

6. Meiñ liawi Leni,
   Um wås i di bitt,
   Wenn i mit mein Mauserl[2]) kimm,
   Daß d' ma's nit schlickst.
   Jå, jå, daß d' ma's etc.

7. Meiñ liawa Hiasl,
   Du kennst di aus,

---

[1]) Mund; [2]) penis.

I ghålt ma's Katzerl
Und du ghåltst da d' Maus.
Jå, jå, und du etc.

(Spitzenberg, Ob. Oberplan im Böhmerwald. — Vergleiche:
Blümml, Anthropophyteia III. [1906] 186, Nr. 76).

XLIX.

1. Es gibt koañ Vergnügn unter'n Leutn,
   Es herrscht koañ Omütlikeit mehr,
   Lebt ålles so still und bescheiden,
   Åls wenn ma-r-in Böhmen[1]) dreiñ wär:.

2. 'S Mensch, dös sitzt åm Sessel,
   Der Bua, der nimmt's ban Schößel,[2])
   Wirft's in an Ruck auf d' Stu(b)m,
   Då geht's glei pum, pum, pum.

3. Sie sågt: du grober Lümmel,
   Då geht's Tümmel, Tümmel,
   Sie hebt in Fuaß af d' Höh
   Und schreit: juchhe.

(Böhmisch-Hörschlag, Ob. Hohenfurt im Böhmerwald 1906).

L.
Z'Loatabam.

1. Z' Loatabam håb i mein Strumpf verlorn,
   Ohne Strumpf geh i nit hoam,
   Hiaz geh i glei wieder af Loatabam
   Und kaf mar an Strumpf zu den oan.

---

[1]) čech. Böhmen; [2]) Kittelfalte, Rockzipf.

2. Und wia-r-i af Loatabam einigeh,
   Då sitzt huld 's Kråmamensch då,
   Då sågt jå dås Kråmamensch glei zu mir:
   Und kaft ma da Herr an Strumpf å!

3. Und wia ma mitsåmm aso ghånlt[1]) håbn,
   Gschwillt[2]) ma huld glei meiñ Fuaß[3]) åñ.
   Då sågt jå dås Kråmamensch glei zu mir:
   I greif ihna den Fuaß nit åñ.

(Scheiben, Ob. Gratzen im Böhmerwald. — Eine derbe
Variante des Liedes „Z'Lauterbåch håb i mein Strumpf verlorn“,
s. Erk-Böhme, Deutscher Liederhort. II. [1893] 768 f, Nr. 1009 f.,
unsere Fassung erwähnt ebd. II. 769; F. M. Böhme, Geschichte
des Tanzes in Deutschland. II. [1886] 141, Nr. 219; John-Czerny,
Egerländer Volkslieder. II. [1901] 15, Nr. 8; K. Pasch, Zur Kunde
der Sagen, Mythen und Bräuche im Innviertel. Progr. Ried 1878
S. 21; Gassmann, Das Volkslied im Luzerner Wiggertal und
Hinterland. [1906] S. 86, Nr. 105; Köhler-Meier, Volkslieder von
der Mosel und Saar. [1896] S. 360, Nr. 364 und S. 457 mit
weiterer Lit.; Marriage, Volkslieder aus der badischen Pfalz.
[1902] S. 343, Nr. 248 mit weiterer Lit.; Krapp, Odenwälder
Spinnstube. [1904] S. 212, Nr. 299).

LI.
An Robert.

1. Noch einmal, Robert, eh wir scheiden,
   Besteige du mein geiles Loch,
   Laß deines Schwanzes süße Freuden
   Ein einzig Mal mich fühlen noch.

2. Denkst du an unser erstes Ficken,[4])
   Erinnerung ist eine Pflicht,
   Wo ich laut aufjauchzt vor Entzücken;
   Du Einziger, vergiß mein nicht!

---

[1]) gehandelt; [2]) schwillt; [3]) penis; [4]) coire.

3. Nimm diese Fotzenhaar zum Pfande,
   Daß dich Elise nie vergißt,
   Ich schnitt sie ab von meiner Wange
   Und hab sie auch noch angepißt.

4. Wenn uns ferne Meere trennen
   Und kein Fick[1]) nicht möglich ist,
   Wird dein Schwanz nicht spritzen können,
   Ach, dann vergiß Elisen nicht.

5. Lieber Junge, komm und reite,
   Bis du meine Scheide schwillst,
   Fick von hinten, von der Seite,
   Und in's Arschloch, wo du willst.

6. Will dir gleich dein Schwanz nicht stehen,
   Sieh das kleine Fötzchen an,
   Du kannst es rein wie Gold heut sehen,
   Komm nur her und vögle dran.

7. Denn der Schwanz, der ist mein Leben
   Und der Sack ist meine Welt
   Und das Ficken ist es eben,
   Was der Fotze so gefällt.

8. Meine Mutter will's nicht leiden,
   Daß ich eine Hure bin
   Und ich tu es doch mit Freuden,
   Lege mich vor jedem hin.

(Wien ca. 1850. Aus einem geschriebenen Liederbuche im
Besitze Dr. K. Nemeth's. — Eine Parodie des Liedes „Noch
einmal, Heinrich, eh wir scheiden" von Fr. Voigt; vgl. John
Meier, Kunstlieder im Volksmunde. [1906] S. 89, Nr. 236. —
Str. 5—8 gehören eigentlich nicht zum Liede; sie sind einem

[1]) coitus.

andern entnommen, vgl. Blümml, Anthropophyt. II. [1905] 111,
Nr. L. und Erotische Volkslieder aus Deutschösterreich [1907]
S. 94, Nr. LI).

LII.
Die drei Gesellen.

1. Es waren mal drei Gesellen,
   Die täten sich erzählen,
   Sie hielten unter sich wohl einen weisen Rat,
   Wer unter allen dreien das schönste Mäd-
   chen hat.

2. Da war wohl einer drunter,
   Der nichts verschweigen kunnte,
   Der sagte allsogleich: 's Mägdlein hab ihm
   zugedacht,
   Er könnte bei ihr sein ein Stündchen bei
   der Nacht.

3. Das Mägdlein an der Wande
   Hört ihre eigne Schande
   Und faßte allsogleich den grausamen Ent-
   schluß,
   Daß er draußen bleibe trotz aller Finsternuß.

4. Und wie er kommt um viere,
   Da klopft er an der Türe,
   Er klappert hin und her mit seinem Siegel-
   ring:
   Schlafst oder wachst? Mach auf mein liebes
   Kind!

5. Mag schlafen oder wachen,
   Ich tu dir nicht aufmachen,
   Geh du nur immer hin, wo du gewesen
                         hast
   Und binde deinen Gaul an einen dürren Ast.

6. Wo soll ich denn hier weiter?
   Es schlafen alle Leute,
   Es schlafen alle Leute und aller Leute Kind,
   Es regnet und es schneit, es weht ein kühler
                         Wind.

7. Da draußen auf der Heide,
   Da steht ein dürre Weide,
   Da binde deinen Gaul an einen dürren Ast
   Und scheiß dir dann ins Maul, so weißt du,
                      was du hast.

8. Da sprachen des Herren Knechte:
   Dem Gsellen gschieht schon rechte,
   Denn hätt er können fein das plaudern lassen
                        sein,
   So hätt er können sein bei seinem Mägde-
                      lein.

(Wien ca. 1850. Aus einem geschriebenen Liederbuch im Besitze Dr. A. Nemeths. — Vgl. Erk-Böhme, Deutscher Lieder-hort. III. [1894] 189 ff., Nr. 1803—1806 mit Literatur).

LIII.

1. Im Wald liegt ein Haufen,
   Viel Fliegen sind drauf,
   Danebn a Papierl,
   Kein Mensch hebt 's mehr auf.

2. Das Häuferl hab ich gmåcht,
Wär's Hosnbandl nicht grißn,
Hätt i d' Hosn nit aufbråcht,
Hätt in d' Hosn einigschißn.

(Wien XIX. (Heiligenstadt). — Nach der bekannten Melodie
„Verlåssn, verlåssn bin i“).

LIV.

1. Kumm Herzerl, kloans Sterzerl,
Kumm mit mir z' Haus,
Då zeig i da[1]) Såchn,
Du, då wirst låchn,
Paß nur recht auf!

2. Då klåppern dö Ärsche,
Då fiedeln dö Nudeln,
Då tånzen dö Beuteln,
Då gucken dö Fummeln[2])
Zun Bettstattl 'raus.

(Hetärenlied aus Wien XVI. [Ottakring]).

LV.

1. Dirndl, wås håt da da Bauernbua tåñ,
Dirndl, wås håt a da tåñ?
'S erstemål håt a ma går nix tåñ,
'S zweitemål greift a ma's åñ.

2. Dirndl, wås håt da da Bauernbua tåñ,
Dirndl, wås håt a da tåñ?

---

[1]) dir; [2]) vulvae.

'S erstemål håt a ma går nix tåñ,
'S drittemål lahnt[1]) a mi åñ.

3. Dirndl, wås håt da da Bauernbua tåñ,
Dirndl, wås håt a da tåñ?
'S erstemål håt a ma går nix tåñ,
'S viertemal steckt a ma'n åñ.

4. Dirndl, wås håt da da Bauernbua tåñ,
Dirndl, wås håt a da tåñ?
'S erstemål håt a ma går nix tåñ,
'S fünftemål fångt a schoñ åñ.

5. Dirndl, wås håt da da Bauernbua tåñ,
Dirndl, wås håt a da tåñ?
'S erstemål håt a ma går nix tåñ,
'S sechstemål is a schoñ dråñ.

6. Dirndl, wås håt da da Bauernbua tåñ,
Dirndl, wås håt a da tåñ?
'S erstemål håt a ma går nix tåñ,
'S siebntemål håt er's schoñ tåñ.

7. Dirndl, wås håt da da Bauernbua tåñ,
Dirndl, wås håt a da tåñ?
'S erstemål håt a ma går nix tåñ,
'S åchtemål frågt a mi, ob a noñmål kåñ.

(Wien XVI. [Ottakring]. — Eine Variante zu Blümml,
Anthropophyt. II. (1905] 95, Nr. 29 mit gleicher Melodie).

---

[1]) lehnt.

LVI.

1. Ich ging einmal, einmal
   Ganz zufällig in's Lichtental.

2. Da kam ich an ein Hurenhaus,
   Da schauten drei alte Huren heraus.

3. Die Erste winkt: Komm herein zu mir!
   Die Zweite spricht: Komm, fick mit mir.

4. Die Dritte hing mir'n Tschanker an,
   Daß ich jetzt nicht mehr vögeln kann.

5. Da schrie ich laut: O weh, die Qual,
   Ich geh nicht mehr ins Lichtental.

(Wien XVI. [Ottakring]).

LVII.

1. Wolln's wissn, wer meiñ Våda is,
   Wolln's wissn, wer er is?
   Meiñ Våda is a Kupfaschmied
   Und wås a siecht, dös nimmt er mit.
   Jetzt wißts ös, wås meiñ Våda is,
   Jetzt wißts ös, wås er is.

2. Wolln's wissn, wer meiñ Bruada is,
   Wolln's wissn, wer er is?
   Meiñ Bruada, der is hochstudiert,
   Der is åm Gålign[1]) aufmarschiert.
   Jetzt wißts ös, wås meiñ Bruada is,
   Jetzt wißts ös, wås er is.

---

1) Galgen.

3. Wolln's wissn, wer meiñ Schwesta is,
   Wolln's wissn, wer sie is?
   Meiñ Schwesta sitzt in Neudorf[1]) draußt
   Und reckt 'n Arsch bein Fensta 'raus.
   Jetzt wißts ös, wås meiñ Schwesta is,
   Jetzt wißts ös, wås sie is.

(Wien XVI. [Ottakring]. — Vgl. R. Zoder, Zeitschrift des Vereins für Volkskunde. XV. [1905] 341 mit Lit.; dazu noch A. L. Gassmann, Das Volkslied im Luzerner Wiggertal und Hinterland. [1906] S. 91, Nr. 111).

LVIII.

I wißt schoñ, wås i tät,
Wånn i Geld gnua hätt.
Streichat mein Arsch mit Powidl åñ
Und ließ meiñ Alte schlecken, dråñ,
I wißt schoñ, wås i tät,
Wånn i Geld gnua hätt.

(Wien XVI. [Ottakring]).

LIX.

1. Der Herr tut seinen Schweif heraus,
   Der Schweif, der soll sich steifen
   Und soll die Fut ihm ficken.
   Der Schweif, der stellt sich nimmer auf
   Und fickt auch nicht die Fut.

2. Da tut der Herr die Eier 'raus,
   Die Eier solln ihn jucken.
   Die Eier jucken nicht den Schweif,
   Der Schweif, der stellt etc.

---

[1]) Weiberstrafanstalt bei Wien.

3. Da tut der Herr den Beutel 'raus,
   Er soll die Eier beißen.
   Der Beutel beißt die Eier nicht,
   Die Eier jucken etc.

4. Da nimmt der Herr die Haare 'raus,
   Sie solln den Beutel kitzeln.
   Die Haare kitzeln den Beutel nicht,
   Der Beutel beißt etc.

5. Da tut der Herr den Arsch dann auf,
   Er soll die Haar anblasen.
   Der Arsch blast nicht die Haare an,
   Die Haare kitzeln etc.

6. Da steckt der Herr den Finger aus,
   Er soll in den Arsch 'neinfahren.
   Der Finger fährt in den Arsch nicht 'nein,
   Der Arsch blast nicht etc.

7. Da nimmt der Herr die Hand jetzt her,
   Sie soll den Schweif ihm reiben.
   Die Hand, die reibt den Schweif ihm jetzt,
   Der Schweif, der hebt sich langsam auf;
   Da blast der Arsch die Haare an,
   Die Haare kitzeln den Beutel dann;
   Der Beutel reizt die Eier auch,
   Die Eier jucken ihm den Schwanz;
   Der Schwanz ist endlich ganz gesteift
   Und fickt darauf die Fut.

(Wien XVI [Ottakring]. — Eine Parodie des „der Herr,
der schickt den Jochem aus", über das man vgl. Erk-Böhme,

Deutscher Liederhort. III. [1894] 529, Nr. 1743—1745; R. Köhler, Kleinere Schriften. III. [1900] 355 ff.; A. Kopp, Aeltere Liedersammlungen. [1906] S. 84, Nr. 114.)

LX.

1. Der Kutscher auf dem Kutschenbock,
   Der furzt in seinen Glockenrock,
   Daß die Herrschaft in dem Wagen
   Sich tut über 'n Staub beklagen.

2. Friederich, der Preußenkönig,
   Ließ der Furze auch nicht wenig
   Und ein Furz aus seinem Loch
   Stinkt in Frankreich heute noch.

3. Napoleon, der große Kaiser,
   Das war auch kein schlechter Scheißer,
   Bis bei Sedan in der Schlacht
   Ihm das Arschloch zugemacht.

4. Alle Pfaffen und Pastoren
   Furzen schon ganz gottverloren
   Und beim Dominus vobiscum
   Fliegen d' Furz in der Luft herum.

5. Alle Fisch im Bodensee
   Recken ihre Schwänz in d' Höh,
   Wenn ich zu mein Dirndl geh,
   Mach ich 's, wie die Fisch im Bodensee.

(Schamers, Gb. Neubistritz, Südböhmen. — Nach der Melodie: „Studio auf einer Reis'", Lahrer Kommersbuch Nr. 626).

LXI.

O Dirnerl am Feigenbaum, hal - lo, o
steig

Dirnerl, steig am Feigenbaum und schau, jå, wo der

Tåg her- hal - lo, hal - lo-da - ro.
kummt,

1. O Dirnerl, steig åm Feigenbaum, hallo,
O Dirnerl, steig åm Feigenbaum
Und schau, jå wo der Tåg herkummt, hallo
etc.

2. Der Tåg, der kummt vom Morgenstern, hallo,
Der Tåg, der kummt vom Morgenstern,
Bei meinem Dirnderl lieg i gern, hallo etc.

3. Bei meinem Dirnderl is 's guat liegn, hallo,
Bei meinem Dirnderl is 's guat liegn,
Då bleibt 's die längste Zeit vaschwiegn,
hallo etc.

4. Es bleibt vaschwiegn añ Viertljåhr, hallo,
Es bleibt vaschwiegn añ hålwes Jåhr,
Dånn wird die Gschicht erst offnbår, hallo
etc.

5. „O Muatta, mir tuat 's Baucherl weh! Hallo!
O Muatta, mir tuat 's Baucherl weh!" —

So geh in Gårtn und brock dar an Tee!
Hallo etc.

6. O Muatta, der Tee, der hilft nix mehr, hallo,
O Muatta, da Tee, der hilft nix mehr,
Es kemant jå schoñ d' Händ und' d' Füaß
daher, hallo etc.

7. Und håñ a da 's nit ullweil gsågt, hallo,
Und håñ a da 's nit ullweil gsågt,
Dås Buamaliegn håt 's gånze gmåcht, hallo
etc.

8. O Muatta, dås Buamaliegn hätt går nix
gmåcht, hallo,
O Muatta, dås Buamaliegn hätt går nix
gmåcht,
Hätt i nur d' Füaß banånna[1]) ghåt[2]), hallo
etc.

9. Åwa wia-r-i håñ d' Füaß vanånna ghebt,
hallo,
Åwa wia-r-i håñ d'Füaß vanånna ghebt,
Håt er den Teuxl einigsteckt, hallo etc.

10. Und wia der Teuxl drinnen wår, hallo,
Und wia der Teuxl drinnen wår,
Umanånd gfåhrn is a wia-r-a Nårr, hallo etc.

(Umgebung von Oberplan in Südböhmen. — Vgl. Ditfurth,
Deutsche Volks- und Gesellschaftslieder des 17. und 18. Jahr-
hunderts. [1872] S. 46 Nr. 50.)

LXII.

[166] **Ein Liedelein.**

1. Lustig, ich habe eine Liebste bekommen,
Obschon die Feindte darumb brummen;

---

[1]) beisammen; [2]) gehabt; [3]) penis.

Günstig sie mier von Hertzen ist worden,
Greiffet auch stattlich zum ehlichen Orthen.[1]

2. Küß ich, so küßt sie mich wieder von Hertzen,
Hertz ich, so hat sie Lust zu dem schertzen.
Vnter dem küßen kan ich sie geniesen,
Es thu gleich wem es wolte verdrießen.

[167] 3. Lustig, verbleibet bestendigk im lieben,
Last vns die Sine zusammenschieben,
Glaubet dem Kleffer nicht, was sie auch
sagen,
Weil sie die Frohen vonander woln jagen.

4. Ir hördt doch, was alle die Leute thun sagen:
Marigen will lenger kein Krentzlein mehr
tragen,
Sie heilet,[2]) sie greinet,[3]) sie grembt sich
zum Narren,
Das Maydtlein will warlich nicht lenger mehr
harren.

5. Schweigk, schweigk, Marigen vnd lasse dich
hertzen,
Man soll dier, man soll dier vertreiben den
Schmertzen.
Fein sanffte, fein stille soll solches gesche-
hen,[4])
Fein heimlich, das es die Leute nicht sehen!

---

[1] Orden; [2] heulet, weinet; [3] weinet; [4] hds. geschen.

[168] 6. Nun halte Marigen vnd strecke die Beine,
       Du solsts nicht lenger mehr schlaffen alleine.
       Wie wirdt der loße Sack kickern vnd lachen,
       Wen man sie in Bette zum Weibe wirdt
                                        machen.

       7. Gedult dich, ach Liebste, es wirdt sich woll
                                        schiecken,
       Wan wier in Bette zusammen werden rücken
       Vndt vns nach Adams Gebrauch fein üben,
       Schlaffen vndt wachen nach vnsern Belieben.

(Handschrift M. 297 der kgl. öffentlichen Bibliothek in
Dresden aus dem Jahre 1603. S. 166—168. — Hilarius Lustig ca.
1690 Nr. 48 in 4 Strophen; vgl. Meusebach-Hayn S. 18. —
Liederbuch des Clodius 1669, Nr. 69; vgl. W. Niessen S. 66
= Vierteljahrsschrift f. Musikwissenschaft. VII. 639).

LXIII.

[185] 1. Ich bin ein Reutersknab,
       Reidt hüpsche Rößlein gerne
       V[nndt] richt sie auch selbst ab.
       Ohn Zaum unndt Nasenbandt
       Ich sie wohl traben lerne,
       Mach sie gar bald gewandt.
       Sie gehn nach meinen Sinne
       V[nndt] halten hinten inne,
       Wan ich die Schenkel
       Anzulegen thu beginnen.[1]
       Mein Faust sie lernen kennen,
       Kan drauf zum Ringelrennen,
       Seindt gut auf allen Schuhlen,
       Wie man sie mag nennen.

___
[1] besser wäre: anzulegen beginne.

2. Wann ich ihm geb die Spohrn,
   Gehn sie in Sprünge
   V[nndt] streichen[1]) ziemlich hinden vndt vorn.
   Ich tummel sie so frisch,
   Setz mit sie dergleichen
   Über Stühl, Bank v[nndt] Tisch
   Soldatisch bey[2]) der Erden,
   Wo mich ein Platz mag werden,
   Da nehm ich sie 22 mahl
   Ohn alles Beschwerdten.
   Kein Will sie mier versagen,
   Laßen sich gern beschlagen,
   Seindt nicht scheu, sondern pflegen
   Mich gar sanft zu tragen.

[186] 3. Ich bin ein Fischer auch,
   Wann mich der Kahn thut mangeln,
   So schwimm ich auf den Bauch.
   Hab ich alzeit kein Netz,
   So pfleg ich steif zu angeln,
   Mein Angel ich einsetz;
   Ich pfleg auch Krebs zu fangen,
   Muß in die Löcher langen,
   Den zwicken sie mich mit den Schehrn
   Als wie mit Zangen.
   Kriegt dan mein Finger Schaden,
   Bin ich mit Sorg beladen,
   Endtlich muß ich den Barbierer
   Auch laßen rathen.[3])

---

[1]) bewegen sich rasch, eilen nach hinten und vorne; [2]) zu ;
[3]) zu Rate ziehen.

4. Ich bin ein guter Schütz,
   Ich schew kein Kält im Winter,
   Noch im Sommer die Hitz.
   Dem Vogel stel ich nach,
   Dem Wil[d]pret auch nicht milde,
   Zu schiesen ist mein Sach.
   Ich pfleg ihn nachzugehen
   [187] Solang [187], biß es wil steh[e]n,
   Dann schieß ich sie,
   Wann ich den Fertt[1]) kan sehen.
   Dreff ich etwa ein Hinde
   V[nndt] ich alßdan befinde,
   Dz sie tödtlich verwundet ist,
   Laß ich sie laufen geschwinde.

5. Ach, mein zartiger Hundt,
   In das Wasser zu gehen
   Ist er gar ein Außbundt.
   Der Schelm beist gern den Fuchs,
   Bleibt vor dem Vogel stehen,
   Dz ich sie fange flugs.
   Ist wach bei Nachteszeitten,
   Wen mann wo will außreiten,
   So wackelt sein schwantz hin vnndt her
   Auf beyden seyten.

6. Steht wo ein Feldthun auf,
   Stracks hab ich meinen Habicht,
   Der ist ein Vogel drauf.
   Der stoset drauf so gschwindt,
   Wie ich ihm dartzu ab[g]richt,
   Alß wer er taub v[nndt] blind,

---
[1]) Fährte.

[188]   Dz ihn die Schellen [188] klingen.
Pflegt nicht gar vmbzubringen,
Sondern thut sich gar bald
Aufwärts zu schwingen
Vnndt felt auf meine Hand nieder.
Setz ich dan das Gefieder
Vmb seine Scheln vnndt Klauen,
Hangen hin v[nndt] wieder.

7. Die Vogel fang ich gern,
Ich heng meinen Bauer
Mit Finken auß,
Der lockt die Vogel von fern,
Darauf ich sitz v[nndt] laur.
Den gehet das Gevögel an,
Alßdan steht mein Leimstang,
Darauf ich sie bald fange.
Wan sie sich setzen dranne,
Bleiben sie daran alsobald behangen.
Ich hab ein Vogelherdt liegen,
Daraus viel Vogel fliegen,
So manchen Vogel ich daraus
Des Jahrs kan kriegen.

(Handschrift M. 297 der kgl. öffentlichen Bibliothek in
Dresden aus dem Jahre 1603. S. 185 ff. — Die zweideutigen
Beziehungen dieses Liedes sind ziemlich durchsichtig).

LXIV.

D' Budlhaubm.

1. Und wia hålt Gott Voda
Dö Welt håt gemåcht,

Då håt er vor ållem
Den Ådåm gemåcht.
Mitsåmt da Budlhaubm, jå Budlhaubm,
Jå, dås därft 's mar ållsånd glaubm.

2. Åft nimmt eahm hålt Gott Voda
   A Ripp aus 'n Leib
   Und er måcht eahm hålt då
   Glei recht a schöns Weib.
   Mitsåmt usw.

3. Åft håt hålt die Eva
   In Ådåm voführt
   Und håt eahm in Äpfl
   I d' Händt einigschmiert.
   Mitsåmt usw.

4. Åft håm si dö zwoa Leutln
   I unsern Herrgott daschreckt
   Und håmt si ållsånda
   Hinta d' Stauan vosteckt.
   Mitsåmt usw.

5. Åft håt hålt Gott Voda
   Recht greint und håt grollt
   Und håt dö zwoa Leutln
   Aus 'n Stauan außagholt.
   Mitsåmt usw.

(Goisern, Gb. Ischl, O.-Ö., 1870).

II.

Vierzeiler.

LXV.

1. Bua gib mir a Bußerl
   Und druck mi recht åñ,
   Wås zuckst denn, wås gspürst denn,
   Er stemmt si erst åñ.

2. Znaxt geh i durch d' Kirchen,
   'S is meina Seel wåhr,
   Dă pudert[1]) da Pfårra
   Gråd hinter'n Åltår.

3. Wånn da Pfårra auf da Kånzel steht,
   So spricht er deus meus
   Und spielt dabei zum Zeitvertreib
   Mit seinem Zebedäus.[2])

4. Unsa Mensch und 's Nåchbern Mensch
   Und die dicke Susi
   Håbn in Årsch mit Zwetschken gschmiert,
   I måg 's nit, leck du sie.

5. Unsa Mensch und no a Mensch
   Und da klane Binda

---

1) coire; 2) penis.

Schlågn anånda Zåpfn in Årsch,
Wia dö klanen Kinda.

6. Unsa Mensch und no a Dirn,
Dö liegn auf an Kotzn
Und weil sie sich net fögeln[1]) könnan,
Reibn sie sich dö Votzen.

7. Auf da Wischbånk, auf da Wåschbånk,
Auf da Gårtnplånka,
Då sitzt da Herr Pfårra,
Tuat Vögel fånga.

8. Dort obn auf der Ålm
Is a Fut åhagfålln,[2])
Ui jessas, meiñ Gott,
Wånn's mi trifft, schlågt's mi tot.

9. Då obn åm Bam,
Då sitzt an Uhu,
Dö Madl hebn d' Röck auf,
Dö Buama — juhu.

10. Da Pfårra voñ Penzing
Is a kreuzbraver Måñ,
Reckt 'n Årsch zum Fenster 'raus
Und kraht wia-r-a Håhñ.

11. Da Pfårra voñ Penzing
Is a recht rara Måñ,

---

¹) coire; ²) herabgefallen.

Er vögelt seiñ Köchin
Net öfter, åls a kåñ.

12. In Disseldorf, in Disseldorf,
Då is hålt da Brauch,
Då vögelt da Herr Pfårra
Dö Menscha hålt auch.

13. Meiñ Bua håt a Liabstrankl
Oda wia-r-a 's denn måcht,
Bei Tåg såg i, bist a Schlankl[1])
Und i trau eahm auf d' Nåcht.

14. Våda, geh, gift di nit,
Måch kañ Getös,
Du gangst selwa zum Dirndl,
Wånnst d' Muatta nit häst.

15. Unsa Fräuln Marie
Håt bschißne Knie
Und sie is hålt von Ådl[2])
Und håt an bschißnan Wådl.

16. D' Menscha san Banda,
Die meiñ is a Bånd,
I greif ihr af 's Fürterl,[3])
Sie brunzt mar af d' Hånd.

17. D' Kellnarin tuat trutzn
Ban Gläsawåschn,

I sullt ihr 's åñgreifn
Den Dreck, den nåssn.

18. Añmål aso und añmål aso,
An ålts Wei håt an ålts Lo,
An ålte Geign håt an åltn Ton,
An åltn Schwånz håt an ålta Månn.

19. Åwa ulliweil¹) üwaführn,
Sågt die kloañ Fischadirn,
Mit den ScheiBüwafåhrn
Håt sie 's valorn.

20. Auf und auf wascherlnåß,
D' Strümpf vulla Sånd,
'S Mensch håt in Kidl brunzt,
Dås is a Schånd.

21. 'S Mensch håt zan Buam gsågt:
Deiñ Wåar is echt,
Geh her, schau die meiñ åñ,
Is a nit gånz schlecht.

22. Åwa z' Linz håb i an Rausch ghåt,²)
Z' Wildberg håb i gspiebn,
Ban Pfeifnmåcha håb i i d' Hosn gschissn,
I da Zwedl bin i åft bliebn.

Åwar i da Zwedl
Håt 's mi a nauñ³) nix gnutzt,

---

¹) immer; ²) gehabt; ³) noch.

Z' Låuñfel(d)n bein Koukseda
Håbn 's ma d' Hosn ausputzt.

23. Dirndl geh mit mir
Bis zan Gådern,[1])
Åft gib i da 's Geldl
Mitsåmt da Blådern.[2])

24. Mir håbn zwoa rot Oxn,
Geht koana i's Jo(ch),
Hiaz sullt a mi zan an Dirndl legn,
Dö håt a krumps Lo(ch).

25. Da Hiasl håt an Bauern gschlickt
Und håt an Schneida gschißn,
Åft nimmt er an Schüwl[3]) Wewa zsåmm
Zan Årsch auswischn.

26. D' Menscha liabnt d' Müllnabuam
Gråd zwegna måhln,
Wun da Mühlbeutl schlenkert,
Dås Ding tuat eahñ gfålln.

27. 'S Dirndl is toll
Und es wåchst ihr a Woll[4])
Und da Wirt rupft ihr 's aus
Und måcht Pfaufedern draus.

28. 'S Dirndl af da Doanabruck
Gat[5]) mar a Guldenstuck,

---

[1]) Zaun; [2]) doppelsinnig: Geldbeutel und scrutum; [3]) An-
zahl, Schüppel; [4]) Schamhaare; [5]) gibt.

Daß i ihr d' Rührkübl[1]) bind,
Weil 's ihr aso rinnt.

29. 'S Mensch af da Hoad[2])
Håt an Fleh i da Pfoad
Und i sullt ihr einiglånga[3])
Und sullt ihr 'n aussafånga.

30. 'S Mensch hebt die Füaß i d' Höh,
Zoacht[4]) in Buam 's A-B-C,
Da Bua, der muaß glei marschiern
In's buchstabiern.

31. Da Pfårra voñ Penzing,
Der treibt 's går nit übel,
Der vögelt die Köchin
Und pfeift auf die Bibel.

32. Und da Wirt bei da Gåns
Håt an eselstrum[5]) Schwånz[6])
Und dö Wirtin, dö Trud
A großmächtige Fut.

33. Dirndl, geh meiñ,
Geh låß dås aufmåcha seiñ,
Håst a Bett wia-r-a Saunest,
I leg mi net dreiñ.

Beim Kopf is 's ma z'hoh,
Bein Füaßn zweng Stroh

_____

[1]) vulva; [2]) Haide; [3]) hineingreifen; [4]) zeigt; [5]) sehr
grossen; [6]) penis.

Und ba da Mitt is a Lahñ,[1])
Wo a Hügerl sollt sañ.

34. Åwa zwergs[2]) übers 's Bett
    Håt si meiñ Dirndl glegt,
    Håt net gschmutzt[3]) und net giåcht,
    Wia 's hålt geht bei da Nåcht.

35. I bin von dort åwa,
    Wo d' Sunn åwablitzt
    Und wånn d' Madl in's Bett brunzn,
    Sågn's, sö håbn gschwitzt.

36. Åwa Dirndl, du liabs,
    Håst a Lefzerl[4]) a süaß
    Und a Baucherl a woachs
    Und a Rutscherl a gsoachts.[5])

37. Fut lustig, Schwånz traurig,
    Geh weg von mein Ding,
    Denn er is schoñ gånz schlafrig,
    Låß 'n nit so lång drinn.

38. Jetzt trinkt 's amål uma,
    Åft kimmt 's in mi a
    Und d' Frau Wirtin is schwånga
    Und 's Kellnamadl a.

    D' Frau Wirtin is schwånga
    Und 's Kellnamadl a

---

¹) Einsenkung, Grube; ²) schief; ³) gelächelt; ⁴) Lippe;
⁵) vulva.

Und wås wird åft da Wirt sågn,
Wånn a selbn schwånga wa(r).

39. Da Baua is a Spitzbua,
Wånn a scheißt, druckt a d' Augn zua,
Wånn a si ausgschißn håt,
Steht a wieda schnurgråd.

40. Dort drunt in da Hollastau(d)n
Sitzt a Krowåt,
Der håt a großmächtige
Arschlucka ghåt.

41. Meiñ Våda håt gsågt,
I soll 's Geld wegschmeissn
Und er wird ma glei morgn wieda
An Zehna scheißn.

42. Geh leg di nur zuwa
Und fest in mi åñ
Und wånn i dir 's sågn tua,
Dånn schiab nur brav åñ.

43. Wenn i zan Madeln geh,
Geh i schöñ stad[1])
Und då rauch i schöñ långsåm
A Pfeiferl Tuwag.

A Pfeiferl Tuwag
Is mir ållweil liaba,

---

¹) still, langsam.

Wia den Madeln eahñ Teuflwer[1])
Hinter 'n Fürta.

44. 'S Dirndl von der Gruab
Håt a Ding åls wia Huat
Und an Fedabusch[2]) draf,
Wånn ma åñziagt, geht 's af.

45. Geht 's Burschen, låßt 's wechseln,
Åft kriagt 's a kloans Geld
Und steigt 's auffi af d' Menscha,
Åft segt 's[3]) die neu Welt.

46. Drunt in der Au
Steht a kohlschwårza Måñ,
Der håt 's Hosntürl auf,
Is eahm da Wozas[4]) davoñ.

Wås wird si nit da Måñ
Um den Wozas grimma,
Es is schoñ drei Wocha
Und kriagt 'n nimma.

47. Dort drobn auf da Höh
Steht a Gams und a Reh
Und da Bursch håt 's Mensch gamselt,[5])
Da Bauch tuat ihr weh.

48. Himmelkreuzsakrament,
'S Madl håt ihr d' Fut vabrennt,

---

[1]) Teufelwerk, vulva; [2]) Schamhaare; [3]) seht ihr; [4]) penis;
[5]) coitiert.

Aus is 's, wås stell i åñ,
D' Fut is vatåñ.

49. Amål håb i tåñ
Und amål tua-r-i nauñ
Und wenn i wieder amål tua,
Schau i bessa dazua.

50. Dö N. N.-er Madl,
Dö san jå gånz keck,
Denn sö låßn si vögeln
Bei an jeden Hauseck.

51. Bei 's Dirndl ihrn Fensta
Muaß 's wårm außagehñ,
Sunst kunntat den Burschn
Da Schwaf[1]) net so stehñ.

52. Hübscha Bua, schöna Bua,
Schnür ma meiñ Leibl zua,
Knöpf ma's von unten af
Und leg di draf.

53. Wås gigazt denn, gågazt denn,
Bua, leg di her a weng,
Kikari, schreit da Håhñ,
Bua, wås håst tåñ?

54. Wånn d' Goaß a weng bockt,[2])
Åft nimmt's a weng zua,

---

[1]) penis; [2]) coitiert.

Wånn's Dirndl schwånger is,
D' Schuld håt da Bua.

55. Wånn i meiñ Dirndl
Bein tånzn betråcht,
So gfreut mi da Måñ,
Der d' Årwat håt gmåcht.

Wia gfreut mi da Måñ
Und wia gfreut mi dås Wei(b)
Und wia gfreut mi da Werkzeug,
Den 's ghåbt håbn dabei.

56. Auf da steirischn Ålma
Håb i niedagschißn
Und an Finanza håb i ma gnumma[1])
Zan Årsch auswischn.

57. In Sunnta is Musi,
Wird zuagehñ um mi,
Då zreißn 's mar a Hemad,
Is wieder åñ Pfoad[2]) hiñ.

58. 'S Madl håt a Zithern,[3])
Dö Zithern geht rar
Und sie låßt ihr nit zithern,[4])
Wånn 's wia dawill war.

59. Vitritum, vitratum,
'S Mensch håt zwoa linke Füaß

---

[1]) genommen; [2]) Hemd; [3]) vulva; [4]) coire.

Und i wollt ihr 's schoñ draxeln,[1]
Wånn 's mi drüwa liaß.

60. Über, übern Hügel, über, übern Gråbn,
'S Madl muaß bandelt[2]) håbn,
Über, übern Hügel, über übern Gråbn,
Tåñ muaß 's wås håbn.

61. Wånn i' ausgeh, bin i munta,
Wånn i hoamgeh, bin i mått,
So geht 's an jeden Buam,
Der a schöns Dirndl håt.

62. I håb amål a Madl ghåt
Mit an herrischn Gwånd,
Håb 's vierzehn Tåg ghåt,
Håb mi drei Wochn gschåmt.

63. Gestern is 's Sunnta gwen,
Heunt is 's åcht Tåg,
Då bin i beim Dirndl glegn
Auf 'n Strohsåck.

Da Strohsåck is zrißn gwen,
'S Madl is ågschißn gwen,
Då håb i mir in d' Tåschn brunzt,
Dås wår a Kunst.

64. Z' Linz auf da Bruck
Gengan d' Leut füranånd

---

[5]) drechseln, herrichten; [6]) coitiert.

Und då håt mi oane gfrågt,
Ob mi nit a weng plångt.[1])

65. Vier Rösserl im Wågn
Und a Madl muaß i håbn
Und an Steigbügel dråñ,
Daß i aufisteign kåñ.

66. D' Sauschneida Resl
Is går a schöni,
Sie låßt ihr glei a drei a vier
Beim Fensterl eini.

67. Leg di nur zuwa,
Meiñ Bett is nit broat,[2])
Wånn du außifållñ tatst,
Um di war ma load.[3])

68. Du glaubst, du kånnst mi razn,[4])
Weilst a hübschs Dirndl bist,
In Årsch kånnst mi lecka,
Daß d' woaßt, wia mir ist.

69. Du Scheißbüxnkraxn,
Du brauchst mi net razn,
Du grauslicher Dreck,
Zu dir leg i mi net.

70. 'S Madl geht über d' Gåssn,
Sie juchazt wia-r-a Bua,

Sie håt's Schürzerl zrißn,
Åwa d' Spritzluka[1]) zua.

71. I wetz, i wetz, es schneidt hålt net,
I håb a Dirndl, i tua ihr 's net,
I greif ihr auf ihr Fröhlichkeit,[1])
Juhe, då håt 's a Freud.

72. Und 's Maderl håt a Katzerl[1])
Und dås is fuchsrot,
I, wånn i's dawischn tat,
I schlågat ihr 's tot.

73. I bin da kloañ Zinzinga,
Håb an kloañwinzinga,
Geht neamd wås åñ,
Wånn i koan größern nit håñ.

74. Zipl[2]) net so, zapl[2]) net so,
Reiß ma mein Klachl[3]) net so;
Greif ma meiñ Bst[4]) nit åñ,
Håt da nix tåñ.

75. Unsa ålts Gretale,
Dö tuat ma ålls z'guat,
Sie kråtzt mi hålt beim Hewale[5]),
Daß i nauñ låcha muaß.

76. Dås Liadl is so heili net,
Då ghört a Tanzl drauf

---

¹) vulva; ²) zapple; ³) penis; ⁴) vulva; ⁵) penis.

Und 's schöne Madl von N. N.
Håt an rauchn[1]) Bauch.

So rauh åls wia da Pudel,
So zottert wia da Bär,
Gråd wia 's Gott erschåffn håt,
So hålt mir 's dås Luder her.

77. Elisabeth, wånn d' Nudel[2]) steht,
Dås is a klans Geräusch
Und wånn die Fut vonåna[3]) steht,
So siagt[4]) ma 's rote Fleisch.

78. Wånn da Bauer scheißn geht,
Geht er auf d' Hintaus[5])
Und wånn er kan Lowisch[6]) håt,
So nimmt er d' Faust.

79. I håb nauñ vier Rößl,
A jeds geht in d' Fuhr,
Vorigs Jåhr is meiñ Madl a Jungfa gwen,
Heuer is 's a Hur.

80. Ålle Glocken läutn, åwa d' Rotzglocken nit,
Ålle Pudeln beißn, åwa meiñ Pudel beißt
nit,
Ålle Türln knårrn, ålle Türln knårren,
'S Hosntürl knårrt nit.

81. I håb amål a Madl ghåbt,

---

[1]) rauhen; [2]) penis; [3]) auseinander; [4]) sieht; [5]) hinter das
Haus; [6]) Arschwisch.

Dö wår vom Tempel Moses,
In d' Strümpf håt 's tåñ, in d' Schuach håt
's brunzt,
Dås wår wås kurioses.

82. Wia vielmål denk i dråñ,
Wia meiñ Schåtz brunzn kåñ
Heraus beim Kidlschlitz
Und wia 's hålt spritzt.

83. Da Pfårra z' Sankt Veit
Håt d' Frau Köchin eiñgweiht
Und da Herr Kåplåñ
Håt ihr 's glei wieda tåñ.

84. Geh i außi auf N. N.,
Kehr i eiñ beim grün Krånz,
Kommt d' Kellnerin außi,
Weist[1]) mi eini beim Schwånz.

85. 'S Madl hålt in Kidl in d' Höh,
Zeigt mir ihr A-B-C,
Låßt mi schöñ eiñkutschiern
Und buchstabiern.

86. Unsa Dirn, der Streil,[2])
Håt a Ding wia Reil[3])
Und der Knecht, der Lumpnhund,
Håt an Schwaf mit hundert Pfund.

---

[1]) führt; [2]) Umflankiererin; [3]) Sieb.

87. I und meiñ Madl
Håbn mitanånd bissn
Und hiaz håt mi dås Luada
In 's Wumpferl[1]) bissn.

88. Von eins bis um zwei
Håbn die Vögel ihr Gschrei,
Steh auf, meiñ liabs Dirndl,
Gehñ ma wischeln[2]) åll zwei.

Und wia mir gwischelt håbn ghåt,
Håt sie 's Kiderl aufghebt,
Då håbn mir åft gschaut,
Ob dås Zeiserl[3]) nauñ lebt.

Dås Zeiserl håt glebt,
Is so schöñ, is so brav,
Is rundherum voll Federn,
Fehlt ihm nix åls da Schwaf.

89. Und a Hålbe Bier und a Hålbe Weiñ
Schenk i mein Dirnerl eiñ
Und a Fledamausbluat,
Daß ihr 's rumpeln[4]) nix tuat.

90. Båld schiaß i Oachand,[5])
Båld schiaß i Taubn,
Båld leg i's Mådaklenk[6])
Eihö[7]) in d' Staudn.

---

[1]) penis; [2]) mingere; [3]) vulva; [4]) coire; [5]) Eichhörncben;
[6]) Mardergelenk, Marderfalle, mit versteckter Anspielung auf den
Koitus (penis); [7]) hinein.

91. I geh nimmer auffi
In Summer af d' Alm,
I bstand[1]) ma von Dianerl
An Strohsåck, an hålbn.

92. 'S Dirndl håt 's gsoat,[2])
Leg di umma in da Pfoad,
Steck di einer unta d' Hüll
Und hålt 's Maul und sei still.

93. 'S Dirndl håt gsågt: Bua,
Wånnst nit amål singst,
Åft lå[3]) i da koañ Platzerl nit,
Wånnst amål kimmst.

94. Und 's Dirnerl håt gsågt,
I derf nimma kemma:
Mit dein fuxatn Bårscht[4])
Kunnst[5]) ma 's Bett vabrenna.

95. Und d' Menscha, dia Teixlleut.
Ho' ma die Drehbånk[6]) z'keit,[7])
Ho' ma die Spindl[8]) krümb,[9])
Iatz is 's a Glümp.[10])

96. A Gambs hun i's troffn,
Hun i's troffn ban Aug,
Ban Dirndl bin i glegn,
Åft håt sie kriagt d' Gaug.[11])

---

[1]) erstände; [2]) gesagt; [3]) lasse; [4]) fuchsroten Bart; [5]) könntest du; [6]) Genitalien; [7]) zerschlagen, verdorben; [8]) penis; [9]) gekrümmt; [10]) Lumpenwerk; [11]) Diarrhöe, Anspielung auf das gebären.

97. Doscht obn auf der Höh
    Is a schwårza Stånggn,[1]
    Frisch's Bluat und Schneid[2] gnuag
    Is bei mir vorhåndn.

98. Iaz tian 's[3] voñ da Buamaschneid
    Allwei singa,
    I sing voñ da Menschaschneid,
    'S geht viel kringa.[4]

99. Singst allwei voñ da Schneid,
    Aba dås is a Gföpp,[5]
    Håst die Bruathenn ban Schwånz ghåbb,
    Håst as no nit dahöbb'.

100. Z' Alm håt's an abern[6] Fleck
     Und an Fleck Reif,
     Wia weascht denn meiñ Schneid ausschaugn,
     Wånn i's nia schleif.

101. Iaz woaß i wås neus,
     Woaß an Menschern ihrn Preis,
     Sie begehrn wia-r-a Jud
     Und låssn håndeln ållbud.[7]

102. 'S Dirndl håt gsågt,
     An ihrn Bett håt 's an Reif;
     Is a gspöttige Red
     Und a Lug,[8] daß ma's greift.

---

[1] Stumpf, Anspielung auf penis; [2] männliche und Zeugungskraft; [3] tuen sie; [4] geringer, leichter; [5] Fopperei; [6] schneefreien; [7] jedesmal; [8] Lüge.

103. 'S Dirndl håt dsågt,
Wånnst ranggln[1]) nia tuast,
Wia weascht 's da denn nåcha geahñ,
Båld 's es toañ muaßt.

104. 'S Dirndl, dö Bix,
Wånn i hiñkimm, håt 's nix,
Wia-r-a ågätzte[2]) Wies,
Wo koañ Freud nit drinn is.

105. Dianei, woaßt wås,
Deiñ Fürschterl[3]) is nåß,
Tua's åba[4]), brat's auf,
Nåcha leg ma-r-uns drauf.

106. 'S Dirndl is sauba,
Sie fürcht ihr von Klaubau,[5])
Wånn er a gahleng[6]) hålt kam
Und ihr sauber ålls nahm.

107. Auf d' Labn[7]) auffisteign
Und kråd zidern vo Frost,
Håst in Löffl[8]) in Såck
Und kimmst decht[9]) zu koan Kost.

108. Wia sollt i denn wetzn,
Wia schneidt 's ma denn boß?[10])
Ban Dirnerl in Bett
Oder draußtn an[11]) Grås.

---

[1]) raufen, hier = coire; [2]) abgemähte; [3]) Fürtuch, Schürze;
[4]) herunter; [5]) Krampus; [6]) jählings; [7]) Laube; [8]) penis; [9]) den-
noch; [10]) mehr, besser; [11]) im.

109. Und an Buabmastolz,
Den kennt ma iaz erst recht,
Denn bei Tåg då war eahñ[1]) glei
Går an iade z'schlecht.

Und bei der Nåcht
Då warn sie volla Muat,
A jedes Kripplweibl
War eahñ guat.

110. 'S Dirndl ihr rupfa[2]) Pfoad
Håt ållweil Flöch,
Wenn oana einischaut,
Hupfen 's af d' Höch.

111. Znagst bin i gwesn
Bei die Müllnamenscha,
Is da Stab[3]) aussagflogn
Bei die Kåmmafensta.

112. 'S Dirndl is z'högst
In da Hollastaud drobn,
Is ihr a Heuschreck
In's Tål einigflogn.

Du dålkata[4]) Heuschreck,
Wås håst da denn denkt,
Wennst an Wåssafåll[5]) kemma warscht,
Hätt 's di datränkt.

---

[1]) ihnen; [2]) grobleinene; [3]) Staub; [4]) dummer; [5]) in die
vulva.

113. Dirndl, wegn derentwegn[1]),
Daß i bei dir bin glegn,
Derentwegn brauchst nit z' woan,
Kriagst åft an Buam, an kloan.

114. 'S Dirndl an Kammerl inn,[2])
Dö håt 's in an Gsparda[3]) drinn,
Kloani, kloani, kloani —
Käferl,[4]) moan i.

115. 'S Dirndl an Bett
Håt si dleim zuachadlegt[5])
Und a Floh in da Mitt
Håt um 's auslåssn bitt.

116. 'S Dirndl, dö Haut,
Dö håt 's nit enttraut,[6])
Daß da Zunda schnell brinnt,
Wenn a Gun uihikimmt[7]).

117. Hiñ über d' Stiegl,
Her übern Gråbn,
D' Menscha müaßn eppas
Z'nischpitzn[8]) håbn.

Auffi über d'Schroat,[9])
Åba mit da Pfoad,
Zuabi mit die Knia,
Wird ma ållweil lustiga mir.

---

[1]) deswegen; [2]) im Kämmerlein; [3]) Schachtel; [4]) Flöhe;
[5]) nahe herzugelegt; [6]) gedacht; [7]) Funke darankommt'; [8]) naschen;
[9]) hervorragender Balken, auf dem der Söller ruht.

118. Meiñ Våta, der Lump,
    Håt ma 's Dirndl nit vagunnt,
    Huñ 's schoñ ghåbt ba da Pfoad,
    Håt ma 's nomål vajoat.¹)

119. Znagst bin i ban an kropfatn
    Pinzgerin dlegn,
    Åft håt 's ma ihrn Kropf
    Zun an Kopfpolsta gebn.

120. Dirndl, sågst ållweil
    Von treu liabn,
    Sågst ållweil von dabei liegn,
    Åba von bei dir liegn sågst nia.

121. Schöñ hoch is da Koasa²)
    Und nu höcha d' Spitz
    Und båld meiñ Dirndl z' dick weascht,
    Åft zåhl i ihr wohl nix.

122. 'S Dirndl an Äpflgråbn
    Möcht an Buam gern håbn,
    Möcht an Buam an kloan,
    Der gråd zan uihiloahn.³)

    Åba dia⁴) wurscht jammern,
    Wenn wieda uihikaman⁵)
    An ihre sechs und åcht
    In oana Nåcht.

---

¹) verjagt; ²) Almhütte, Sennhütte; ³) anlehnen recht wäre;
⁴) die; ⁵) darankommen würden.

141

123. Zwischen zwoa Berg in Tål,
Zwischen zwoa Roß in Ståll,
Zwischen zwoa Jungfern dreiñ,
Då dunkat 's mi feiñ.

124. Dianai, du Toifal,
Tua nit so wohlfal[1]),
Es roit[2]) die schoñ no,
Daß d' so wohlfal håst to.

125. Dirndl, sei gscheita,
Heirat koan Schneida,
Heirat an Schmied,
Åft mågst hammern[3]) damit.

126. Bua, wånnst ma-r-an Brånntweiñ zåhlst
Und a[4]) a Bratl,
Kriagst af d' Nåcht
A guat's Liegastattl.

127. 'S Dirndl und da Bauernbua
Springan da Stauern[5]) zua,
Vo lauta 's treuliabn,
Fånga si d' Stauna åñ z'rührn.

128. 'S Dirndl håt a Ding,
Is nit schwar, is nit gring,
Is nit eng, is nit weit,
Ån ihrn Ding håt 's a Freud.

---

[1]) wohlfeil; [2]) reut; [3]) coire; [4]) auch; [5]) Staude.

129. Heunt bin i's wieder a kålta Knipfl[1]),
Is da Beutl wieder länger åls da Zipfl,
Heunt håb ma wieder an sauletzn[2]) Tåg,
Koañ Geld an Såck.

130. Dirndl, geh eina
In Kuahståll zu mir,
I hatt hålt wås wichtigs
Z' plaudern mit dir.

I geh da's nit eina
In Kuahståll zu dir,
I tua ma's hålt fürchtn,
Es stoßt mi da Stier.[3])

131. Und dås Gamsl an Gwänd
Håt von Schuß an Scheuchn[4])
Und 's Dirndl in Bett
Tuat nix dagleichn.

132. Und 's liabn in Summa
Is ållweil nix nutz,
Sein d' Menscha viel z' dürr
Und d' Nachtln viel z' kurz.

133. O heiliger Antonius,
Låß 's Kindl nit fålln,
Süst kånn i dös flickn,
Båld nimma dazåhln.

---

[1]) Kerl; [2]) sehr schlechten; [3]) Stier = penis; [4]) Scheue.

134. Meiñ Våta håt an Wågn mit fünf Räda
Und giahñ tuat a sakarisch guat
Und 's Dirndl håt ållweil fünf Lödda[1])
Und kriagn tuat sie a nimma gnuag.

Oana steht obn af da Loata,
Der oañ sitzt herunt af da Bånk,
Oana is inner an[2]) Kammerl
Und zwoa wern von einischaugn krånk.

135. Da Weitschacha Kirchturm
Is mit Blattłan[3]) gedeckt
Und då håt sich da Meßna
Bein scheißn vareckt.

136. Znachst hån i amål pudert,
Håñ in Schwoaf går net braucht,
Håb d' Mistgåbel gnumma,
Håb d' Fut vonånd taucht.

137. Meiñ Ålte båcht Kråpfn
Und brunzt 's a weng åñ,
Då wern 's hålt schöñ såftig
Und brennen net åñ.

138. Spånnweite Fut
Is net zum z'reißn,
In d' Sunn hänga, aufspreitzn,
Einischeißn.

---

¹) Liebhaber; ²) innen im ; ³) Schieferplatten.

144

139. Und 's Dirndl håt oane
Wia-r-a Eichelschüsserl[1])
Und wånn ma ihr 's ångreift,
So brunzt 's a bisserl.

140. Då drobn auf 'n Bergl,
Då werkelt a Jud
Und dabei tånzt a Menscherl
Mit a krätzign Fut.

141. Grüaß di Gott, liabe Schwagerin,
Wås måcht da Vetta Frånz?
Der sitzt in da Kåmma draußt
Und spielt si mit sein Schwånz.

142. Gretl, Pastetl,
Wås måcht denn deiñ Håns?
Er sitzt unten bein Bachl
Und wåscht si in Schwånz.

143. Dö Sali[2]) schimpft imma,
Daß 's nix gspürt, wånn i's tua;
Geh, wånnst a weng Zeit håst,
Nah[3]) ihr d' Fut a weng zua.

144. Meiñ Ålte brummt ållweil
Wia-r-an ålts Nebelhurn,[4])
Kånn 's net gnua wetzn[5])
Von hint und von vurn[6]).

_____

¹) Fruchtkelch der Eichel; ²) Rosalia; ³) nähe; ⁴) Nebel-
horn; ⁵) coire; ⁶) vorne.

145. Da Hålta von Grinzing,
Der håt an grean Huat,
Den setzt er nur auf,
Wånn er scheißn gehñ tuat.

146. 'S Madl von Nåchbern drent[1])
Håt fålsche Håar, fålsche Zähnt,[2])
D' Pritschn[3]) is a parterre,[4])
Wås will ma no mehr.

147. Alte hutsch ma d' Glöckerln,[5])
Daß d' Zeit schnell vergeht,
Kånnst a Stund hutschen
Bis d'Nudel[6]) mir steht.

148. D' Bixn[7]) kuriern,
Geht zum Dokta a Hur.
Frågst es, wo's gwest is,
Sågt's: in Reparatur.

149. Geh stier ma's, geh tua ma's,
Geh greif ma's fest åñ,
Wånnst mi net wetzn willst,
Scheiß i di åñ.

150. Schwaf wutzeln, Busserln gebn,
Is a schöns Gspiel;
Steif in d' Fut einigsteckt,
Dös is für's Gfühl.

---

[1]) drüben; [2]) Zähne; [3]) vulva; [4]) ist nichts mehr wert,
herabgekommen; [5]) testiculae; [6]) penis; [7]) vulva.

151. Da Tini tua i's nimma,
Dera elendign Trud,
Da Maxl håt's gnågelt,[1]
Jetzt håt's a krätzige Fut.

152. Meiñ Mensch is a Böhmin,
Dö lebt wia-r-a Trud,
Håt eiserne Tutteln
Und a blecherne Fut.

153. D' Vögelkråmerin is a Hur,
Håt dö Fut auf da Schnur,
Håt a no glei Steigbügel dråñ,
Daß ma glei aufi kåñ.

154. Geh, leich ma deiñ Mensch
Heint zum umaflankiern,
Denn dö meini is tråchat,[2]
Dö kånn si nit rührn.

155. Unsa Mensch und 's Nåchbarmensch,
Dö bliahn[3] åls wia dö Rosn,
D' Ane håt an Tschanka ghåbt,
D' Åndre an Franzosn.[4]

156. In Åñfång schöñ långsåm,
In da Mitt a weng gschwind
Und wånn's wohl tuat, ziag'n außa,
Sunst måchst ma-r-a Kind.

---

[1] coitiert; [2] schwanger; [3] blühen; [4] Syphilis.

157. Dort drobn åm Gamslgebirg,
Då wird da Jaga schiach,[1])
Hinta da Hollastau(d)n
Tuat er ihr'n einihaun.

Und nåcha z' ållerletzt,
Då håt er's noñmål gwetzt
Und håt ihr'n eini draht,
Bis über's Gnack dadraht.

158. Aufi auf dö Berg, åbi in Gråbn,
'S Mensch will wås z' råspeln[2]) håbn,
Aufi mit dö Kidln, wega mit dö Knia,
Eini mit'n Kuchelgschirr.[3])

159. Meiñ Mensch håt an Fleck,
Von Håar is 's gånz strotzi[4])
Und wånn ma ihr'n einituat,
So wird's glei rotzi.

160. Dås Loch ghört zun scheißn,
Åba dös is's nit gwöhnt,
So sågt 's Mensch und påckt'n
Mit ålle zwa Händ.

161. Dö Lisl, dös is
D' ållergschwufigste[5]) Dirn,
Dö tuat sich ihr Fummel[6])
Mit Salmiak schmiern.

---

[1]) böse; [2]) coire; [3]) Genitalien; [4]) gestrotzt voll Haare;
[5]) allerliebste; [6]) vulva.

162. Neuli håb i vögeln wolln
Und håb mi nit traut,
Zletzt håb i mein Schwaf
Àn an Barierstock åñghaut.

163. Glaubst denn, i hätt di gern,
Ausgfurzte Stållåtern,
Àgråspelts[1]) Lådernfåß;[2])
Wårt nur, dir scheiß i wås.

164. D' Menscha von Znam[3])
Trågn silberne Schnålln,
Sie låßn si watschn (pudern),
Das d' Ohrwascheln[4]) knålln.

165. Då drobn åm Weißenberg
Håb i a Påar wischpeln (scheißn) ghört,
Müaßn a påar Dirndln seiñ,
Ani ghört meiñ.

166. Z' Retz beim blauen Huat
Sein d' Leberwürst nit guat,
Kauf mar uns a Blinzerl[5])
Und steck ma's åm Huat.

167. I håb no net so viel glåcht,
Àls wia gestern auf d' Nåcht,
Håb dö Tuchat so grupft,
Is a Floh füra[6]) ghupft.

---

[1]) abgewetztes; [2]) Fass in dem sich das schmutzige Waschwasser (Låder) befindet; [3]) Znaim, Stadt in Südmähren; [4]) Ohren; [5]) Blunze, Blutwurst; [6]) hervorgehüpft.

168. Geh dåni,[1]) geh drah di,
I kånn di net leidn,
I müaßt da mit Gusto
In's Gsicht einispeibn.

169. Geh dåni, geh drah di,
Du Wåssamåcha,
Wer wår denn dein Våta?
A Påtschnmåcha[2]).

170. Dö Buam und dö Menscha,
Hiazt gengan's zan Tånz,
In Menschern brummt d' Fut
Und in Buaman da Schwånz.

171. Mein Dirndl ihr Bäucherl
Is weiß wia-r-a Schnee,
Åwa unter ihr'n Bäucherl —
No, ös wißt's es jå eh.[3])

172. Mein Dirndl moant ållweil:
Bua, gib nur fein åcht,
Daß d' ma bein umanåndaschmiern,
Koan Büawerl net måchst.

173. Dås Dirndle liegt hinter'n Zaun
Und da Bua drobn,
Dås Dirndle håt 's Loch aufghåbt
Und da Bua gschobn.[4])

---

174. 'S Dirndle håt an Schaß' låßn,
In finstera Nåcht,
Da Bua håt vaståndn:
A ruahsåme Nåcht.

175. Hiazt håb i a Dirndl
Aus da Zigarrnfabrik,
Hiazt wird ma dås Luada
Schoñ wiederum dick.[1]

176. Meiñ Dirndl is sauba,
Håt a niglnåglneugs Bett,
Håt a niglnåglneugs Häusl,
Åwa niglnågln[2] derfst da's net.

177. Da Pfårra in da Sakristei
Håt die Köchin a dabei,
Dominus vobiscum,
Springt a drauf um.

178. Auf da Küahålm scheint die Sonn wårm,
Liegt die Schwoagerin im Heu
Und die Küahbuam san Spitzbuam,
Lagn a gern dabei.

179. Unsa Frau Wirtin, dö Frånz,
Dö hätt ållweil gern an Schwånz,
Weil 's an solchen gern hätt,
Der bei da Nåcht ållweil steht.

---

[1] schwanger; [2] coitieren.

180. O meiñ Gott, wia guat,
Wånn a hiñ und her tuat
Und meiñ Gott, wia süaß,
Wånn a drinnat is.

181. Wånn in Dirndl
Ihr Dingerl[1]) nit wa(r),
Tät in Buam
Seiñ Prügerl[2]) nit stahñ.[3])

182. Dirndle tschin, tschin,
Deiñ Kranzl is hin! —
Sei's schoñ hiñ, låß ma's gehñ,
Es is a so nit mehr schöñ.

183. Um a bißl um's kemma,[4])
Is meiñ Dirndl schöna
Und a bißl um's gspürn,
Tuat's in Årsch bessa rührn.

184. Bist a guata Schütz,
Weilst mi a so triffst,
Schiaß nur öfta zua,
Meiñ liaba Bua.

185. Meiñ Schåtz, der Fråtz,
Håt mar a Bußl gebn,
Daß da Rotz beim Fotz[5])
Is hänga bliebn.

---

¹) vulva; ²) penis; ³) stehen; ⁴) kommen; ⁵) Mund.

186. Meiñ Våter is a Måñ,
Håt's da Muata tåñ,
Hint af der Ofenbänk[1])
Håt er's a weng.[2])

187. Jetzt håb i schoñ gheirat,
Jetzt muaß's schoñ so bleibn,
Jetzt muaß i zu mein Måñ
In's Bett einisteign.

188. I håb umegschaut[3])
Über die Ålm
Und jetzt håb i schoñ wieda
Dö Hebamm zum zåhln.

189. Jetzt in da Fåstn
Låß i meiñ Dirndl råstn,
Im Fruahjåhr, im Mai
Schlåf i wieda dabei.

190. Heiratn tua i net,
Is ma z' früah,
Koan Wa(r)mstoañ brauch i net,
Kålt is ma nia.

191. Den Buam måg i net,
'S åndre såg i net,
Weil er's oaner iadn[4]) tuat,
Sunst war a guat.

---

1) Ofenbank; 2) etwas; 3) hinübergeschaut, bin hinüber-
gegangen; 4) jeden.

192. 'S is nix mit die Kloan,
   Sie san fålsch wia die Füx,
   Ziagst sie aufi zun Happn,[1])
   Bein Füaßn håst nix.

   Du kånnst sie wohl ziagn
   Båld hiñ und båld her,
   Dicka wer(d)n's wohl,
   Åba länga nix mehr.

193. Amål is koañmål,
   Zwoamål is oañmål,
   Dreimål is a nit viel,
   Wånn da Bua will.

194. Im Greiderischn[2]) Tål,
   Då gehñ mar in Ståll,
   Då gehñ mar in Ståll
   Und probiern's amål.

195. Kånnst schoñ einagehñ
   In meiñ Kammerle,
   Åba draußn låssn
   Deiñ Hammerle.[3])

   Derfst schoñ einasteign
   In meiñ Bett,
   Åba håmmern[4])
   Derfst mi net.

---

¹) Kopf; ²) Tal von Greith, Bg. Deutsch-Landsberg in Steiermark; ³) penis ; ⁴) coire.

196. 'S Dirndl håt gsågt,
I soll zuwaruckn
Und wia-r-i bin zuwikemma,
Håt d' Pfoad a Luckn.[1]

197. O du meiñ Dirndle,
Gehñ ma aussi in's Gråo,
Brock mar a Bleaml —
Oda wås.

198. Znachst[2]) håñ i gschißn
In an Eisnbåhnwågn
Und da Dreck håt si gfreut,
Daß a kåñ Eisnbåhn fåh(r)n.

199. Hoidai, sågts Moidai,[3])
Heut håm ma koañ Heu,
'S Kitterl legn mar unta,
A Bett håm ma glei.

200. A wengl so und a wengl so
Und an ålts Weib håt an ålts Lo(ch)
Und an ålte Geign spielt an åltn Tånz
Und an ålta Måñ håt an åltn Schwånz.

201. Juche, håm ma zwa Nußn brockt,
Juche, unta da Staudn,
Juche, da Bua håt'n Huat valo(r)n,
Juche, 's Dirndl die Haubn.

---

[1]) Loch; [2]) unlängst; [3]) Mädchen.

202. 'S pudern is guat,
Wånn's schöñ togatzn[1]) tuat,
Wånn da Zåpfa[2]) schöñ steht
Und 's schöñ nåß aussageht.

(1 15 Wien ca. 1850. — 16, 18, 19 Heilbrunn, Gerichtsb.
Glatzen, Südböhmen. — 17, 20—23 Böhmisch-Hörschlag, Gerichtsb.
Hohenfurt, Südböhmen. — 24—26 Unterwuldau, Gb. Oberplan,
Südböhmen. — 27—30 Oberplan, Südböhmen, ca. 1850. — 31,
32 Soldatenliederbuch des Johann Gunzl zu Eger (Böhmen)
1897. — 33—88 Aus einem geschr. Militärliederbuche des Bauern
Wenzel Hofmann zu Spitzenberg bei Oberplan, Böhmen, 1890. —
89—100 Alpbach, Gb. Rattenberg, Tirol. — 101—119 Brixental
in Tirol. - 120—124 Hopfgarten im gleichnamigen Gb., Tirol. —
125 Pramautal in Tirol. - 126—128 Leogang, Gb. Saalfelden,
Salzburg. — 129 Leutasch, Gb. Telfs, Tirol. — 130 Schwaz im
gleichnamigen Gerichtsbezirk, Tirol. — 131 Kössen, Gb. Kitzbühel
und Brixental, Tirol. — 132 Eisaktal, Tirol. — 133, 134 Sellrain,
Gb. Innsbruck und Stubaital, Tirol. — 135 Kärnten, ohne nähere
Ortsangabe. — 136, 137 Unterach. Gb. Mondsee, O.-Ö. —
188 Mondsee, O.-Ö. — 139 Innviertel, O.-Ö. — 140—151, 200
Wien-Ottakring. — 152—169 Wien ca. 1875. — 170—172 Himberg,
Gb. Schwechat, N.-Ö. — 173 Gailtal in Kärnten. — 174 Feld-
kirchen im gleichnamigen Gb., Kärnten. — 175 Klagenfurt,
Kärnten. — 176—197, 199 St. Martin, Gb. Deutsch-Landsberg,
Steiermark. — 198 Pinsdorf, Gb. Gmunden, O.-Ö. — 201 Friesach
im gleichnamigen Gb., Kärnten. — 202 Reinsberg, Gb. Gaming,
N.-Ö. —

4 Vgl. Dunger, Rundâs und Reimsprüche aus dem Vogt-
lande. [1876] 111 Nr. 612. — 8 Eine zahme Fassung bei
Pogatschnigg - Herrmann, Deutsche Volkslieder aus Kärnten.
II. [1869] 96 Nr. 428. — 13 Liebleitner, Dreissig echte Kärntner-
lieder. [1903] 27 Nr. 12:2. — 14. Werle, Almrausch. [1884]
S. 214 : 5; Fuchs-Kieslinger, Volkslieder aus der Steiermark.
[1895] S. 99; Zötl-Matosch-Commenda, Aus da Hoamat. [1885]
S. 367 f; Hruschka-Toischer, Deutsche Volkslieder aus Böhmen.

---

[1]) zittern, kitzeln ; [2]) penis.

[1891] 295 Nr. 209. — **16.** Vgl. Meyer Kryptadia. IV. 115
Nr. 177. — **18.** Vgl. oben Nr. 200. — **22.** Strophe 1: Blümml,
Erotische Volkslieder. 136 Nr. 164. — **23.** Vgl. Greinz, Schnada-
hüpfeln aus Tirol. [1894] S. 11; J. Schlicht, Die altbayerische
Landhochzeit. [1889] S. 46. — **26.** Blümml, Er. VI. 116 Nr. 66. —
30. Vgl. oben Nr. 85. — **31.** K. Reiskel, Anthrop. II. 118 Nr. 8. —
32. Reiskel, Anthrop. II. 118 Nr. 12; vgl. Blümml, Anthrop. III.
196 Nr. 213., Er. VI. 108 Nr. 15. — **34.** Süss. Salzburgische
Volkslieder. [1865] 226 Nr. 617; Birlinger, Schwäbische Volks-
lieder. [1864] 151 Nr. 78; Greinz, Schlierseer Schnadahüpfeln.
I. [1894] 25. — **35.** Vgl. Meyer Krypt. IV. 115 Nr. 176. —
36. Zahme Fassungen: Werle 180:6; Vogl, Schnadahüpfln.
[1850] 39 Nr. 48, 88 Nr. 89. — **38.** Strophe 1: Blümml,
Anthrop. III. 193 Nr. 174 mit Lit. — **42.** Blümml, Er. VI. 139
Nr. 182. — **43 : 1.** Blümml-Krauss, Ausseer und Ischler Schnader-
hüpfeln. [1906] 114 Nr. 393:1; Strophe 2: Blümml, Er. VI. 140
Nr. 189. — **45.** Vgl. Dunger 145 Nr. 802. — **50.** Vgl.· Meyer,
Krypt. IV. 94 Nr. 71. — **51.** Zahme Fassung: Hruschka-Toischer,
297 Nr. 225. — **55.** Strophe 1: Süss 202 Nr. 315; Werle 46:6;
Greinz Schl. III. 5; Weinhold, Mitteilungen des hist. Vereins
f. Steiermark. IX. [1859] 80 a:1 (Sonderabdruck S. 20 a);
Schmölzer, Volkslieder aus Steyermark. [1862] S. 6. — **63.** Blümml,
Anthrop. II. 81 Nr. 79; Schacherl, Sagen und Volksgstanzel aus
dem Böhmerwalde. [1901] S. 66: 9. — **65.** Dunger 4 Nr. 15. —
67. Süss 227 Nr. 635; Lieblleitner 49 Nr. 27 : 2. — **68.** Vgl. Süss
249 Nr. 905. — **75.** Blümml, Anthrop. III. 199 Nr. 265. —
77. Blümml, Er. VI. 132 Nr. 157. — **78.** Vgl. Blümml, Anthrop.
II. 99 Nr. 35. — **83.** Vgl. Meyer Krypt. IV. 130 Nr. 258. —
85. Vgl. oben Nr. 30. — **88.** Str. 1: Meyer Krypt. IV. 100
Nr. 100. — **95.** Süss 285 Nr. 728. — **105.** Greinz Tir. 105. —
110. Süss 190 Nr. 164; Blümml, Er. VI. 118 Nr. 75. —
112. Vgl. Meyer Krypt. IV. 81 Nr. 6. — **113.** Vgl. Dunger 78
Nr. 419. — **115.** Meyer Krypt. IV. 105 Nr. 125. — **119.** Süss
183 Nr. 81. — **123.** Vgl. Blümml, Anthrop. II. 81 Nr. 82;
Schacherl 82 : 13. — **128.** Lieblleitner, Für d'Männerleut zum
hoamtrågn. I. [1906] 21. — **131.** Werle 226 : 8; Süss 183 Nr. 79. —
137. Vgl. Meyer Krypt. IV. 113 Nr. 170. — **139.** Zahm:
Schacherl 80 : 15. — **152.** Vgl. Blümml, Anthrop. II. 74 Nr. 19. —

153. Vgl. oben Nr. 208. — 154. Blümml-Krauss 67 Nr. 198 : 2 und 150; Meyer Krypt. IV. 118 Nr. 192. — 155. Vgl. Reiskel, Anthrop. II. 120 Nr. 5. — 156. Vgl. Meyer, Krypt. IV. 90 Nr. 49; 128 Nr. 244; Reiskel, Anthrop. II. 119 Nr. 25. — 158. Blümml, Er. VI. 144 Nr. 207. — 160. Blümml, Er. VI. 113 Nr. 49 : 2. — 162. Reiskel, Anthrop. II. 119 Nr. 21. — 163. Blümml, Anthrop. III. 196 Nr. 215 m. Lit. — 164. Vgl. Meyer Krypt. IV. 113 Nr. 166. — 174. Blümml, Er. VI. 115 Nr. 60 und 184. — 178. Vgl. Meyer, Krypt. IV. 119 Nr. 200. — 182. Vgl. Werle 208 : 7. — 183. Meyer, Krypt. IV. 101 Nr. 105. — 184. Werle 113 : 4; Greinz Schl. I. 6. — 186. Vgl. Blümml, Anthrop. III. 198 Nr. 176. — 188. Vgl. Werle 191 : 2. — 190. Werle 133 : 6. — 193. Meyer, Krypt. IV. 93 Nr. 64. — 200. Vgl. oben Nr. 18; Blümml, Er. VI. 121 Nr. 96. — 202. Blümml, Anthrop. III. 195 Nr. 199 m. Lit.)

LXVI.

Meiñ   is a   Hur,   dö   Fut ån der Schnur,
    Mensch   trågt   trågt

d'Fut ån der   Schnur, trågt d'Fut ån der   Schnur, håt

Steig-bügeln   dråñ, daß ma   auf-fisteign kåñ, daß ma

auffisteign   kåñ oder   wås.

203. Meiñ Mensch is a Hur,
Trågt d' Fut ån da Schnur,
Håt Steigbügeln dråñ,
Daß ma auffisteign kåñ.

204. Meiñ Ålte håt·a kålte,
A rauche Pistoln,[1]
Sie låßt si's net lådna,[2]
Da Teufel soll's holn.

205. An brinnrotn Åpfel,
An Zuckerbrocka
Und då kånn ma d' schön Madln
Durch's Fensta locka.

206. Die meine hoaßt Katerl,
Håt brinnrote Waderl,
Håt brinnrote Knia,
Åba segn låßt sie's nia.

207. Vom Wåld bin i's füra,[3]
Vom Wåld bin i's her,
Meiñ Mensch is a Züchtl[4]
Und i bin a Bär.[5]

208. Vom Wåld bin i's füra,
Vom enga Gaßl,
Meiñ Mensch håt a Buttn[6]
Wia-r-a Eimafaßl.

209. Mir san unsa zweñ
Und mir san unsa zweñ
Und mir låßn uns an iada
A Schnurrbartl stehñ.

---

[1] vulva; [2] laden, lässt nicht coitieren; [3] hervor; [4] Zuchtschwein; [5] Saubär; [6] vulva.

A Schnurrbårt is z'weni,
A Båckenbårt z'viel,
Ei leck mi dås Mensch in Årsch,
Dås mi net will.

Dås mi net will kriagn
Und dås mi net will liabn,
Dås soll si ihrn Årsch
Mit Küahdreck åñschmiern.

(208—209 St. Margarethen am Moos, Ob. Bruck a/d.
Leitha, N.-Ö. — 203 Vgl. oben Nr. 153. — 204 Vgl. Blümml,
Er. VI. 116 Nr. 62. — 205 Werle 38 : 2. — 206 Blümml-Krauss,
68 Nr. 205; 118 Nr. 407 und 159; Zötl-Matosch-Commenda 366;
Werle 80 : 2; Blümml, Anthrop. III. 200 Nr. 272 m. Lit. —
208 Blümml, Anthrop. III. 198 Nr. 243).

LXVII.

210. Und da Pfårra von Kågråñ
Håt a Nudl wia-r-a Håhñ,
D' Pfårrersköchin tat gern vögeln,
Futhåar håt 's wia Schindelnägeln.

211. Heute ging ich übern Steg,
Liegt a Stückel Fut åm Weg
Und wia mir der Schwånz is gståndn,
Wår koañ Flankerl¹) Fut vorhåndn.

212. Geht da Baua in Gårten 'naus,
Hängt ihm hint da Beutl aus,
Kommt die Bäurin hinten dreiñ :
Saumågn, steckst dein Beutl eiñ!

---

¹) ganz kleines Stückchen.

LXVIII.

Un-ser und Nåchbers sit-zen auf dem
Mensch Mensch

Zaune, d'a-ne håt a schwårze Votz, d'åndre håt a braune.

213. Unser Mensch und Nåchbers Mensch
Sitzen auf dem Zaune,
D'ane håt a schwårze Votz,[1])
D' åndre håt a braune.

(St. Margarethen am Moos, Ob. Bruck a/d. Leitha, N.-Ö.)

LXIX.

Laura, Laura, is går, ma ver -kauf ma
's Geld scher d'Feign, d'Håar;

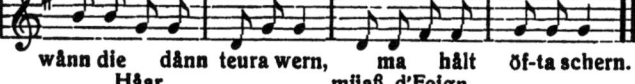

wånn die dånn teura wern, ma hålt öf-ta schern.
Håar müaß d'Feign

214. Laura, Laura, 's Geld is går,
Scher ma d' Feign,[1]) verkauf ma d' Håar;
Wånn die Håar dånn teura wern,
Müaß ma d' Feign hålt öfta schern.

(Wien. — Vgl. Blümml, Er. VI. 143 Nr. 205).

_____

[1]) vulva.

LXX.

Bei da Gi-gari-tschn, bei da Gå-ga-ritschn, bei da
Wir-tin z'Trauñstoañ, bei da Pfår-ra - kö-chin ih-ra
Boda-pritschn, kånn ma Nudl und Beidl ei - ni - toañ.

215. Bei da Gigaritschn, bei da Gågaritschn,
　　 Bei da Wirtin z'Trauñstoañ,
　　 Bei da Pfårraköchin ihra Bodapritschn[1]
　　 Kånn ma Nudl und Beidl einítoañ.
　　 (Pottschach, Gb. Neunkirchen, N.-Ö.)

LXXI.

Und dås schönaste Lebn håt a junga Sol - dåt, er steigt
au-fi auf's Dirn-dl und ei-ni in d'Stådt.
　　　　　　 schiaßt

216. Und dås schönaste Lebn
　　 Håt a junga Soldåt,
　　 Er steigt aufi auf's Dirndl
　　 Und schiaßt eini in d' Stådt.

　　 (St. Egyd am Neuwalde, Gb. Lilienfeld, N.-Ö. — Vgl.
Blümml, Anthrop. II. 100 Nr. 87 : 8; Zötl-Matosch-Commenda,
S. 367).

－－－－－－－
　　 [1]) vulva.

LXXII

S'Dirndl håt a große, dö oañ a kloa - ni, dö

dritt håt a lederne Tåsch'n, moan i.

217. 'S Dirndl håt a große,
Dö oañ a kloani,
Dö dritt håt a lederne —
Tåschn, moan i.

(Wien. — Vgl. Blümml-Krauss, 65 Nr. 191).

LXXIII.

S'Dirndl håt's gfreut, wia-r-is nieder håñ gheit, wia-r-is

auflåss'n håñ, håt's a Juchschroal tåñ, ho-li - e-i-ti,

e-i-ti a - ho.

218. 'S Dirndl håt's gfreut,
Wia-r-i's nieda håñ gheit,[1]
Wia-r-i's auflåssn håñ,
Håt's a Juchschroal tåñ.

---

[1] niedergeworfen.

219. Dö Kåtzn in Märzn
Und d' Sendrin auf der Ålm,
Dö håbn åll oañ Krånkhat[1])
Und brauchn oañ Sålm.

(St. Johann im Pongau, Gb. St. Johann i. P., Salzburg. —
218 Blümml, Anthrop. III. 192 Nr. 161; Werle 195:2; Süss 200
Nr. 289. — 219 Süss, 222 Nr. 573).

LXXIV.

Bin krånk håb'n eiñgebn fürs hitzi Fia-
worn, mar

wa, bin gsund håñ a Kind is ma dechta lia-
worn, kriagt,

wa.

220. Bin krånk worn, håbn mar eiñgebn
Für's hitzi Fiawa;
Bin gsund worn, håñ a Kind kriagt, —
Is ma dechta[2]) liawa.

(Vorau, Gb. Vorau, Steiermark. — Werle 28:3).

LXXV.

dui dui dö, dui dui dö, dui dui dui

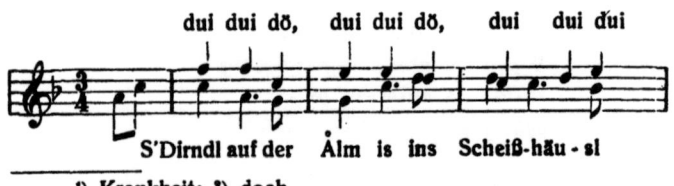

S'Dirndl auf der Ålm is ins Scheiß-häu-sl

¹) Krankheit; ²) doch.

dui dui dŏ, dui dui dŏ, dui dui dŏ,

gfålln, wia's aus-sa is gstiegn, håt sa si

dui dŏ dŏ dŏ.

weich - sel - brauñ gschriebn.

221. 'S Dirndl auf der Ålm
Is in's Scheißhäusl gfålln,
Wia's außa is gstiegn,
Håt sa si weichselbrauñ gschriebn.

222. Weichselbrauñ is sauba,
Weichselbrauñ is toll[1])
Und drum gfålln ma
D' weichselbraun Dirndl so wohl.

223. 'S Dirndl is weichselbrauñ
Und da Bua gelb
Und dås san dö zwoa schönastn
Leut auf da Welt.

(Weissenbach bei Liezen, Ob. Liezen, Nordsteiermark. —
Ein Teil der Bursche singt das obere, ein Teil das untere
[den Text], was recht lärmend wirkt. — 221 Blümml Anthrop. III.
196 Nr. 223 m. Lit. — 222 Vgl. Blümml-Krauss 76 Nr. 238;
Greinz-Kapferer, Tiroler Schnadahüpfeln. II. [1890] 76. — 223
Werle 113 : 1).

---

[1]) hübsch.

LXXVI

Geh Dirnderl wix, wix, mit uns is's heut nix, mit deina zauñ-dürrn kånnst an åndern åñ-schmiern.

224. Geh Dirnderl wix, wix,
Mit uns is's heut nix,
Mit deina zauñdürrn
Kånnst an åndern åñschmiern.

225. A Maderl mit sechzehn Jåhr
Dö nauñ net ghoblt wår,
Dera wird ångst und bang,
'S dauert ihr schoñ z'lång.

(Kaltenleutgeben, Gb. Mödling, N.-Ö.)

III.

Fensterlsprüche oder Gasselreime.

Ich habe (Anthropophyteia. III. [1906] 41 ff.) zuerst erotische Gasselreime aus Steiermark mitgeteilt, und gleichzeitig eine Uebersicht über die Literatur des Gasselreimes geboten, wozu ich dann später Nachträge (Archiv für das Studium der neueren Sprachen und Literaturen. CXVIII [1907] 9 f.; dazu noch H. Fraungruber, Ausseer Gschichten. II. ² [1907] 15. und A. Schacherl, Deutsche Heimat. II. [1907] 129 f.) lieferte. Hier gebe ich das mir unterdessen zugewachsene Material wieder.

I.

Nani,
Håst a klani,
Wenn 's is wia Ziwegn,[1])
Heiñt muaßt ma 's gebn.

(Unterwuldau, Gb. Kaplitz im Böhmerwald).

II.

He, Mensch va Ischl,
I håñ an Schwånz wia siebn sogarische Drischl,[2])
An Beutl wia neuñpfündige Ruabn,[3])
Hañ, mågst koan sölchan[4]) Buabn.

(Unterwuldau, Gb. Kaplitz im Böhmerwald).

---

[1]) Zibebe; [2]) wie sieben mächtige Dreschflegel; [3]) wie eine neun Pfund schwere Rübe; [4]) solchen.

III.

Kennst mi denn nit?
I bin jå da Bua van hintern Wingl,[1]
Håñ oan wia-r-a Drischlschwingl
Und du oani wia-r-a Seigpfånn,[2]
Du, dås war a Zeug zsåmm!

(Zettwing, Ob. Kaplitz im Böhmerwald).

IV.

I bin da Bua vañ Helmasöd,
Wo da Bock åm Hö(r)nern steht,
Der Messa und Gåwl[3]) schleift
Und in Menschern af d' Duttl greift;
Bei uns dahoamt is 's går da Brau(ch),
Greift ma eahñ glei åm Bau(ch).

(Zettwing, Ob. Kaplitz im Böhmerwald).

V.

Hants Menscha, tuat 's a Rührmilch trinken,
Wern enk die Redn åft wieder aufasinkn.
Bin gestern af der Hofstiegn gseßn,
Håb mein Schwånz ågmeßn:
Fünf Zoll lång und drei Zoll broat.
Hants Menscher, a solcha tat enk noat.[4]

(St. Martin, Ob. Deutsch-Landsberg, Steiermark).

---

[1]) Winkel; [2]) Pfanne zum seihen; [3]) Gabel; [4]) einen solchen würdet ihr brauchen.

VI.

Gestern håt oane gschißn und gsoacht,
Das ma drei Stuck Leiñwånd håbn bloacht
Und nåchat is no a Platsch[1]) übabliebn,
Daß 's a Mühl und a Såg[2]) håt triebn.

(St.-Martin, Gb. Deutsch-Landsberg, Steiermark).

VII.

I geh her über a hohstoanerne Ålm,
Då gögnt[3]) ma da Baua mit da gschekatn Kålm,[4])
Mit da ringlgschwanzatn Goaß.
Hets, Menscha, råts,[5]) wia meiñ Gasselgspåñ[6])
                                        hoaßt. —
Meiñ Gasselgspåñ hoaßt Riapl,[7])
Håt an aufgstellts Hüatl,
Dås Hüatl is mit Henerdreck eiñbramt[8])
Und mit Oaschölern[9]) eiñgsamt.[10])
Hets, Menscha, håt eng vo mir und vo den Teufels-
                                        mandl nia tramt?

(Kremsmünster, O. Ö.).

VIII.

Und da Bauer in Pyhrn,[11])
Der håt a Dirn
Und die Dirn håt a Ding,[12])
Hand[13]) zeha Fuhrn Heu drinn.

---

[1]) grosse Lache; [2]) Sägewerk; [3]) begegnet; [4]) Kalbin;
[5]) ratet; [6]) Gasselgenosse; [7]) Rupert = Lümmel; [8]) verbrämt; [9]) Eier-
schalen; [10]) eingesäumt. Gemeint sind penis und verkrustetes
sperma; [11]) zwischen Liezen und Windischgarsten; [12]) vulva;
[13]) sind.

Zeha Fuhrn Heu und neun Mut[1]) Ruabn
Und nu a Duzad Buabn.
Aft is erst da Weba mit da Schützn und da
Schneida mit da Schar[2])
Und is nu an Eselsteufelsplåtz[3]) lar.[4])
Aba gelts, Menscha, dås war rar,[5])
Wånn an engrige[6]) a so weit war?

(Kremsmünster, O. Ö.).

IX.

Zwischen Summer und Winta
Gasslbua war i tausendsakrisch a flinka,
Z' brauchn war i går zon[7]) ålln,
Zon Kuchlkehrn und zon Åschnstabn.[8])
Weibaleut, möcht 's ma nit a bißl as Bett eini-
dalabn?[9])
Aft bin i doscht[10]) eini und biñ da Baudirn[11])
Afn Bauch eichigsprunga,[12])
Aft håt die Bettstått gwigazt[13]) und kråcht,
Aft håmt die Weibaleut ållsånt dlåcht.
Aft håt dås die Bäurin dneist,[14])
Das hålt a da Dirnakåmma eppas umakreischt.[15])
Aft håt 's dsågt: „Baua, muaßt gschwind auf-
stehñ und schaun,
An Weibaleutn is å nit ålls z'traun." —

---

[1]) ein Mut = 80 Metzen; [2]) Schere; [3]) grosser Platz;
[4]) leer; [5]) hübsch, prächtig; [6]) eurige; [7]) zu; [8]) Aschenstau-
ben; [9]) hinein zu steigen erlauben; [10]) dort; [11]) erste Magd;
[12]) hineingesprungen; [13]) geknarrt; [14])bemerkt; [15]) herumschreit.

Åft is da Baua auf, håt mit 'n Gasslbuam uma-
        grangĺt,[1]) håt 'n ågmugĺt[2]),
Åft is da Gasslbua mit 'n Bauer üba d' Stiagn
        åbikugĺt.
Åft bin i doscht hiñ und wiedakrochn,
Hån i ma mein Oañsiedlsteckn[3]) z' siemasibzig
        Trümmern z' brochn.
Åft bin i doscht auffi zu der Margaret,
Håt 's ma 'n wieda tausendsakrisch zsammgĺet[4]).
Åft bin i doscht auffi af Marzoñ[5])
Und håñ mi stått an Müllna auftoñ;
Håñ gmåln und Gerstn gnuĭt[6])
Und håñ in Müllna seiñ Weibl bluit.[7])
Und bin doscht außi a[8]) d' Sunn,
Huckn zwoa Paarlleutl außd'n ban Brunn:
„Os Teuflsleut, ös znichtn,[9])
Jå, müaßt 's ös då herfåh(r)n züchtn?"
Af dös is 's Mandl gschwind davoñ
Und i håñ ma denkt, den Buam hån i's Weibl
        leicht durchitoñ.[10])
Åft bin i doscht aussi auf Reichenhåll,[11])
Kimm i af a tausendsakarische Eisgåll;[12])
Hån i doscht a Fuada Steckn aufdlegt,
Hundascht und oan,
Lärchan[13]) schoñ gwiß koan.
Iaz bin i åft eina zon Såalfelna Dechant,
Håñ 'n gfrågt um d' Oañsiedlarei[14])

---

[1]) herumgerauft; [2]) abgedrückt, abgeschlagen; [3]) penis;
[4]) zusammengelötet; [5]) bei Saalfelden; [6]) gestampft; [7]) geschlagen,
coitiert; [8]) in; [9]) nichtswürdigen; [10]) weggebracht; [11]) in Bayern;
[12]) Eisplatte; [13]) aus Lärchenholz; [14]) Einsiedlerei, neben dem
Schloss Saalfelden.

Und um die Gschloßjagatochtern und um 's ka-
ressiern[1]) nebnbei.
Åft håt a gsågt, i sollt ma nix entrama[2]) låßn
Voñ da Gschloßjagatochtern und von Karessiern,
I soll lerna von 'n sechsten Gebot,
Wenn oana går nix kåñ, is 's wohl a Schånd und
a Spott. —
Åft bin i hiñ nåch Kirchatål,[3])
Håñ gfrågt, ob 's nit zwoa zsåmmgebn möch'tn nåch
da Wåh'l[4])
Zwischn Berg und Tål; meine Liabn sprecht jå!
Bin i doscht auffi af 's Brucker Moos,
Bekimmt[5]) ma da Schinda mit an toadn[6]) Roß.
Åft is 's Roß hint und vorn z'brochn
Und san 14 Tåg lauta schöñ Weibaleut aussakrochn.
Weibaleut, ös derfts enk a nit übanehma,
Ös seids's går von an toadn Roß herkemma!
Åft håbn sö 's doscht an Våtern untabråcht,
Daß i ållweil so umlaf[7]) bei da Nåcht.
Då håt da Våta dsågt: „Wårt, Bua, i låß di schoñ
schneidn[8]),
I wer da deiñ Unzucht austreibn."

(Leogang, Gb. Saalfelden, Salzburg 1905).

---

¹) lieben; ²) träumen; ³) Wallfahrtsort, Gb. Lofer, Salz-
burg; ⁴) nach freiem Willen; ⁵) begegnet; ⁶) toten; ⁷) herum-
laufe; ⁸) castrieren.

IV.

Verbesserungen und Nachträge zu den „Erotischen Volksliedern aus Deutschösterreich."

Nachtrag.

1. Zu Nr. XXI (S. 41).

Das Lied findet sich auch im Böhmerwalde (Vorder-
hammer, Gb. Oberplan), jedoch ohne die Strophen 7 und 9,
die aber in einem 1848 geschriebenen Soldatenliederbuche des
Johann Haidinger aus Oberplan vorkommen. Die Melodie weicht
von unseren (S. 169, Nr. 18 a, b) ab:

Als ich an einem Sommer - tag im grü-nen

Wald im Schatten lag, sah ich von fern ein Mädchen

stehn, das Mädchen war so zaubrisch schön.

2. Zu Nr. XXXII (S. 61).

In Krumpendorf (Gb. Krumpendorf, Kärnten), wo das
Lied ebenfalls bekannt ist, wird an Stelle der 8. Strophe gesungen:

3a. O ich Stier, Stier, Stier,
   Ich stirb schon vor Beschwerden,
   Und ihr Küh, Küh, Küh,
   Ihr kündet meine Schmerzen.
   O ich Stier, o ihr Küh
   Und ihr kündet meine Schmerzen.

3b. O du Sau, Sau, Sau,
O du sauerer Märtyrertod,
O du Hund, Hund, Hund,
O du hundertfältge Not,
O du Sau, o du Hund,
O du hundertfältge Not.

3. Zu Nr. XXXIII (S. 63).

Auch im Böhmerwald (Oberplan) bekannt und von dorther folgende Melodie:

Martin Luther wollte mit seiner Gattin eine Vesper singen fein, da
griff er ihr auf das Zehelein, Zehelein, Zehelein, Zenzi-lori-um;
was wollte Martin Luther mit seinem Prinzi-pi-um?

Verbesserungen.

4.

Die Melodie Nr. 9 auf S. 166 ist zu verbessern in:

Traurig ist die Mordge-schichte, die in Ennsbach ist ge-

schehn, es ist wahrlich kein Ge - rüch-te und ist sehr

trau-rig an - zu - sehn.

5.

Die Melodie Nr. 50 auf S. 181 ist zu verbessern in:

Und bei uns dâ is's a so da dâ hât a
dahoam, Brau(ch),

jedes schoñ ihr im und da Bua, hât an Zâpfn
Mensch Lo(ch) Bau(ch) der

dreiñ, und der Ârsch, muaß da Stö-ßl seiñ.
dâs

Inhalt.